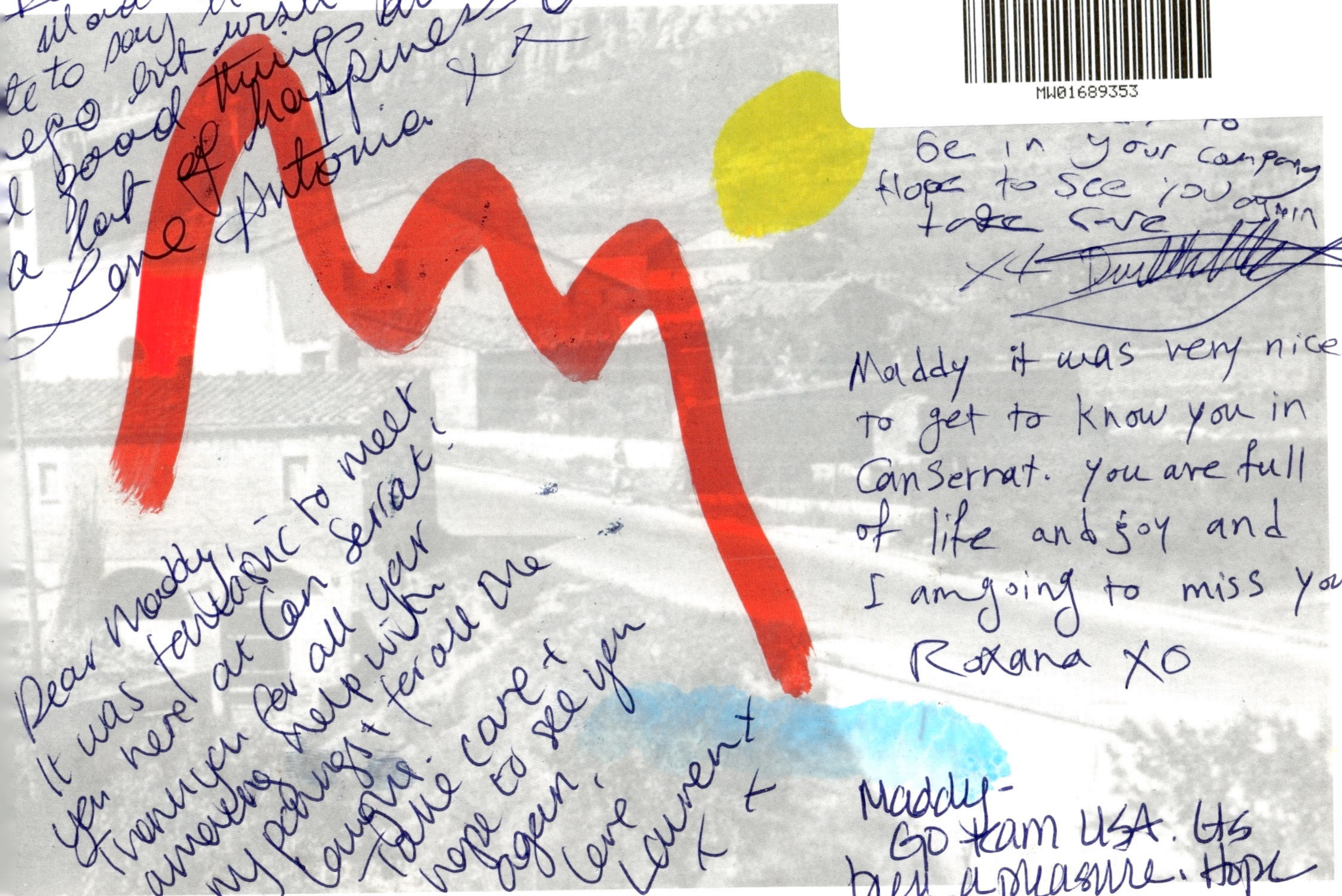

Dear Maddy, hasta [illegible]
[illegible] to say but wish and
[illegible] good things
a lot of happiness :-)
Love Antonia x x

[illegible] to
be in your company
Hope to see you again
take care
x4 [signature struck through]

Maddy it was very nice to get to know you in CanSerrat. You are full of life and joy and I am going to miss you.
Roxana XO

Dear Maddy, it was fantastic to meet you here at Can Serrat; Thank you for all your amazing help with my paintings + for all the laughs. Take care + hope to see you again.
Love Laurent x x

Maddy-
Go team USA. It's been a pleasure. Hope to see you in America
xo [illegible]

gulles», una de les imatges més característiques del Bruc.

És gràcies a les fotografies d'edificis i de llocs que hom pot observar l'evolució de la vila tot comparant com era el Bruc de principi de segle respecte de l'actual.

Un esdeveniment important des del punt de vista històric, recollit a bastament per nombroses fotografies, fou, òbviament, la celebració del centenari de la batalla del Bruc, a la qual van assistir personalitats importants de l'Estat, de Catalunya i d'altres indrets. El conjunt de fotografies que recull els diversos aspectes de la celebració del centenari són precisament les més antigues que es conserven a l'Arxiu Municipal.

La selecció que s'ofereix en aquest volum no és pas exhaustiva i se centra en les fotografies més antigues que es conserven de la població. S'han triat cinquanta fotografies procurant formar un conjunt que aplegués tant actes cívics com familiars i religiosos que, a més de donar una àmplia visió de la vila, denoten també la seva vitalitat.

La selecció d'imatges i la redacció dels peus de les fotografies han estat realitzades conjuntament amb l'actual regidora de cultura, Gemma Estrada, a qui agraeixo la seva col·laboració.

Finalment, cal donar les gràcies a totes les persones i entitats que amb les seves aportacions han facilitat la reproducció de documents gràfics.

PERE REDÓN I TRABAL
Responsable de l'Arxiu Fotogràfic Municipal

IMATGES I RECORDS

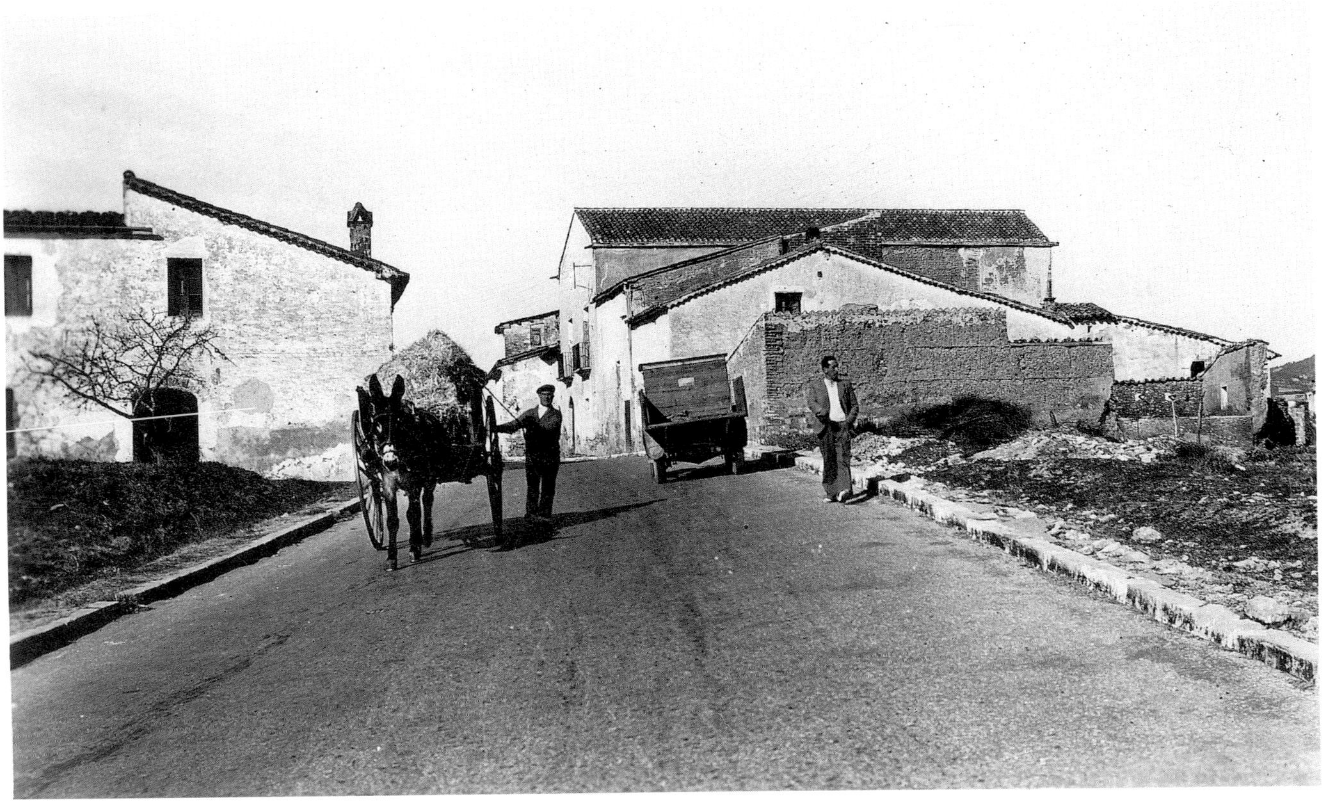

Aquest és l'aspecte que oferia al principi dels anys quaranta l'entrada al Bruc des de Barcelona. En Pepet de la Casa Nova apareix guiant el seu carro carregat de palla.

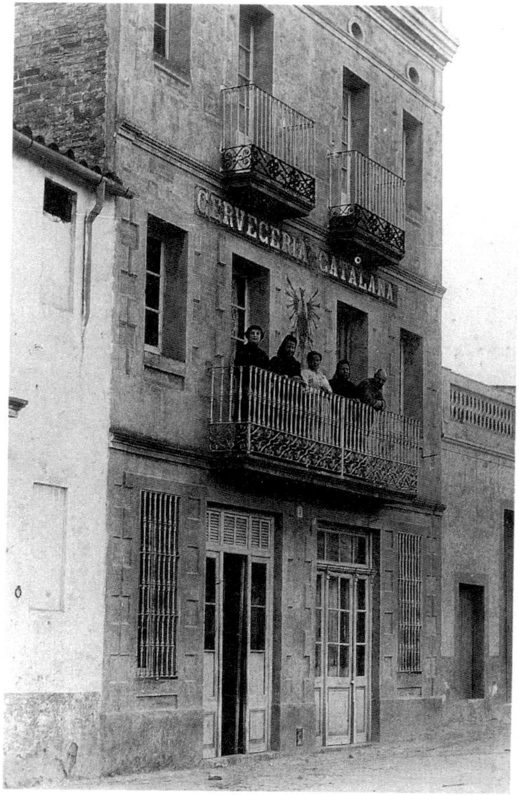

Imatge de l'edifici del carrer Bruc del Mig, número 7, en el qual hi va haver el Cafè de Cal Cama.

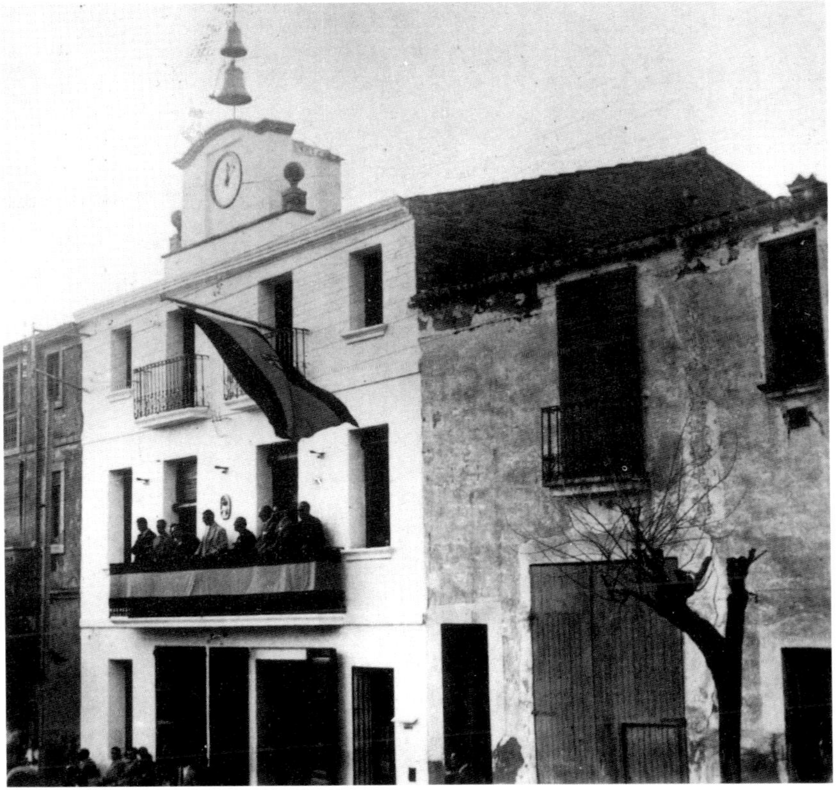

La inauguració del rellotge municipal l'any 1946, quan era alcalde Andreu Termes Riba, va ser un esdeveniment molt notori, tant pel repicar de les campanes com per la gran tempesta que va fer que la celebració s'acabés abans d'hora.

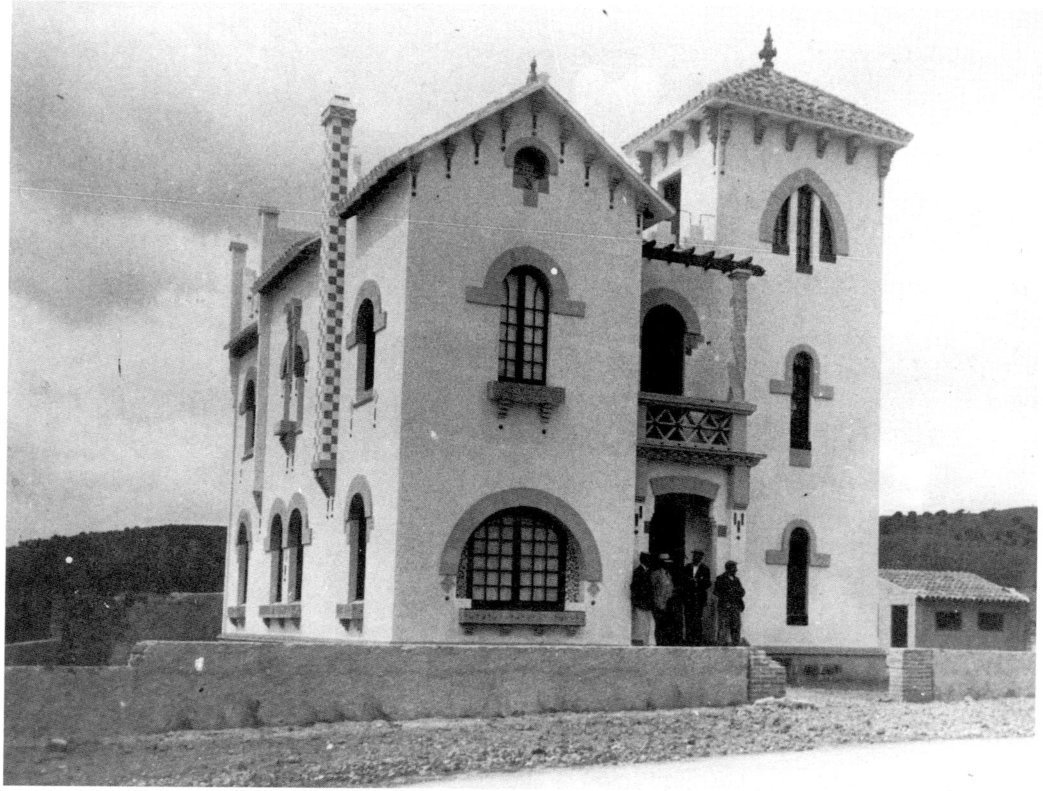

Cal Díez, també conegut com a Villa Antoinette, és un dels edificis d'estil modernista més emblemàtics del Bruc. Fou construït el 1914 per l'arquitecte Ricard Giralt Casadesús.

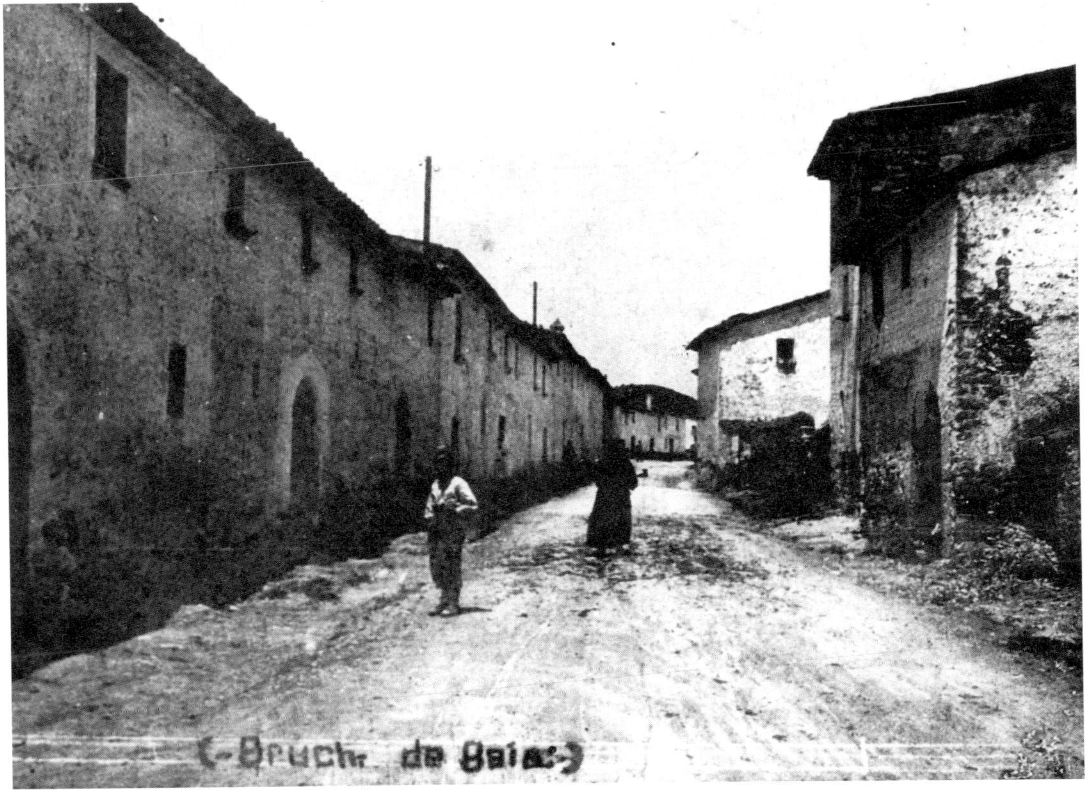

El Bruc de Baix a l'inici del segle XX. A la fotografia es pot veure la recent i precària conducció elèctrica que subministrava electricitat a diverses cases.

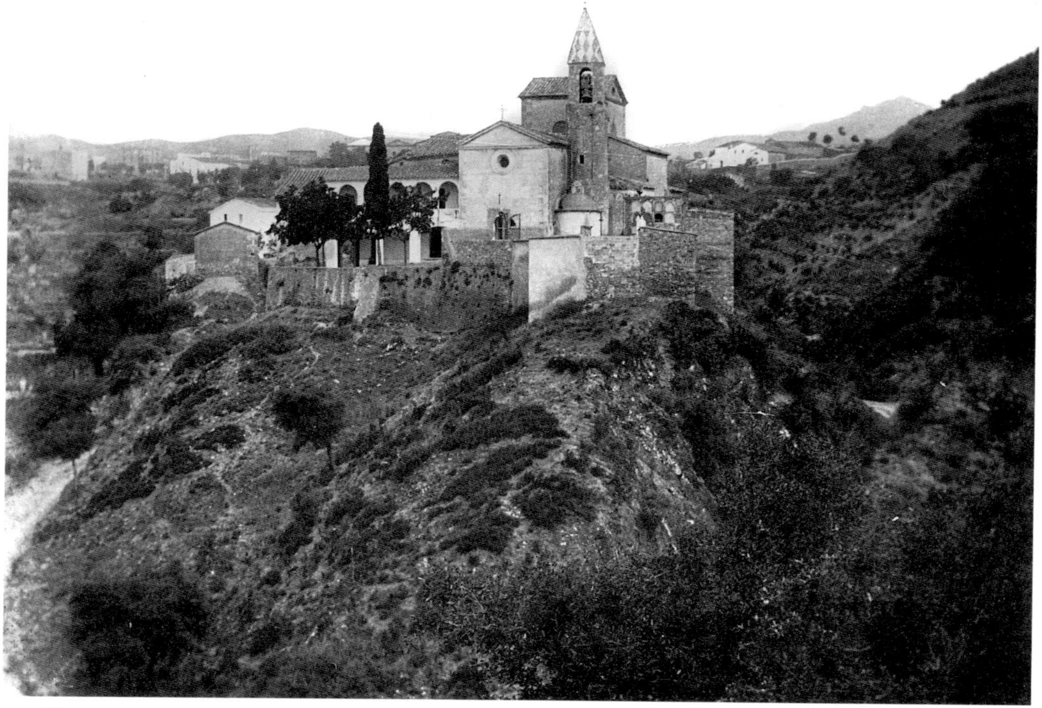

Aquesta fotografia, feta el 1908, ens mostra el conjunt de l'església i la casa rectoral, totes dues situades dalt d'un turonet enmig del torrent de l'Illa i del «torrentó».

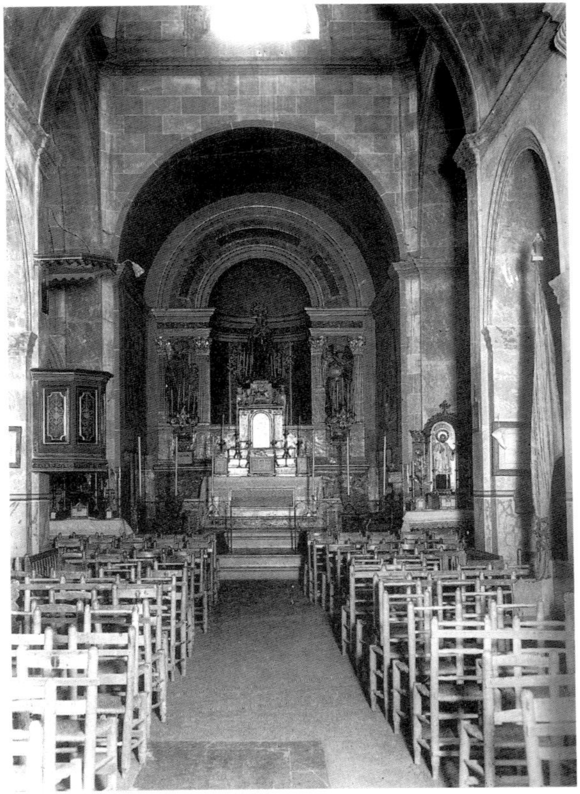

Nau central i altar major d'estil neoclàssic de l'església de Santa Maria tal com era l'any 1935. La bandera que apareix a la dreta de la fotografia sembla que és la del Sometent.

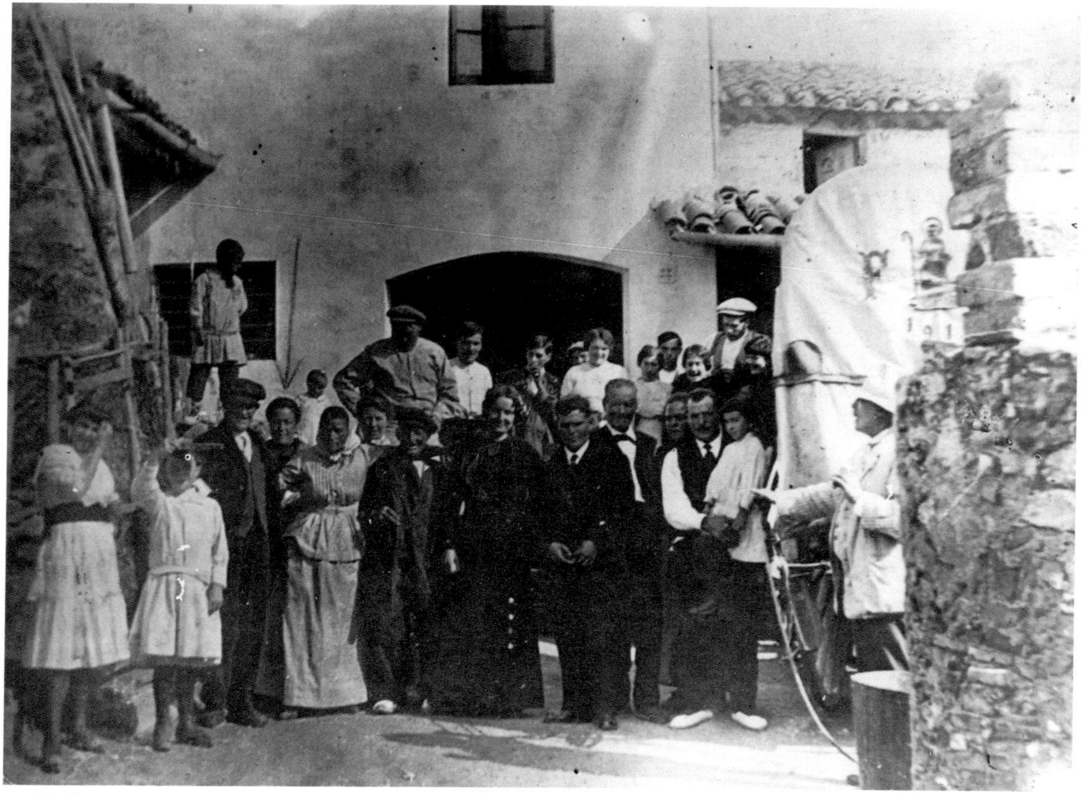

L'any 1912 se celebrà el casament de Salvador Casellas i Elvira Solà. Fotografia realitzada davant de la casa anomenada «Ca la Lluïsa».

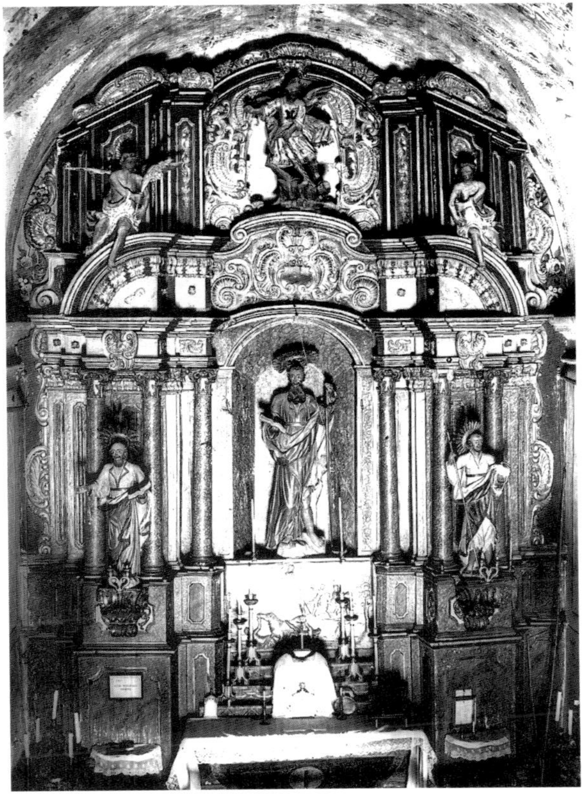

Aspecte que tenia l'any 1935 el retaule major de l'església de Sant Pau de la Guàrdia, sufragània de la parròquia del Bruc. El retaule fou destruït en gran part durant la Guerra Civil.

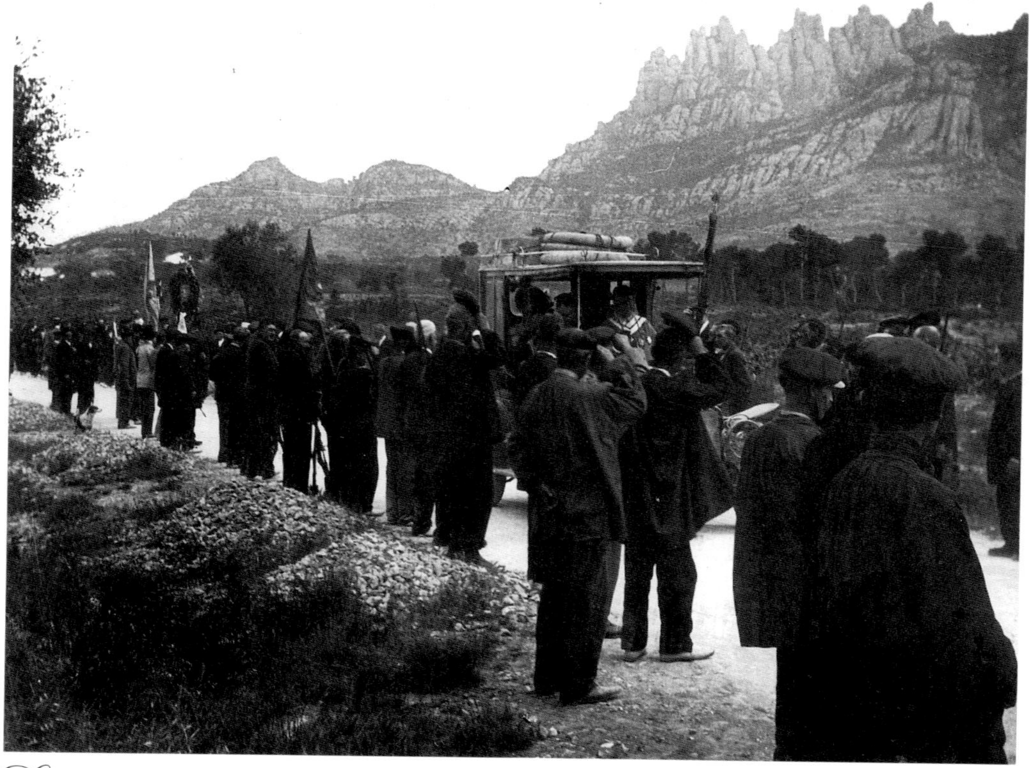

La imatge recull el moment en què, arran de la commemoració del centenari de la batalla del Bruc (6 de juny de 1908), la infanta Maria Teresa de Borbó i el seu marit Don Fernando de Baviera, són rebuts pel Sometent de Manresa.

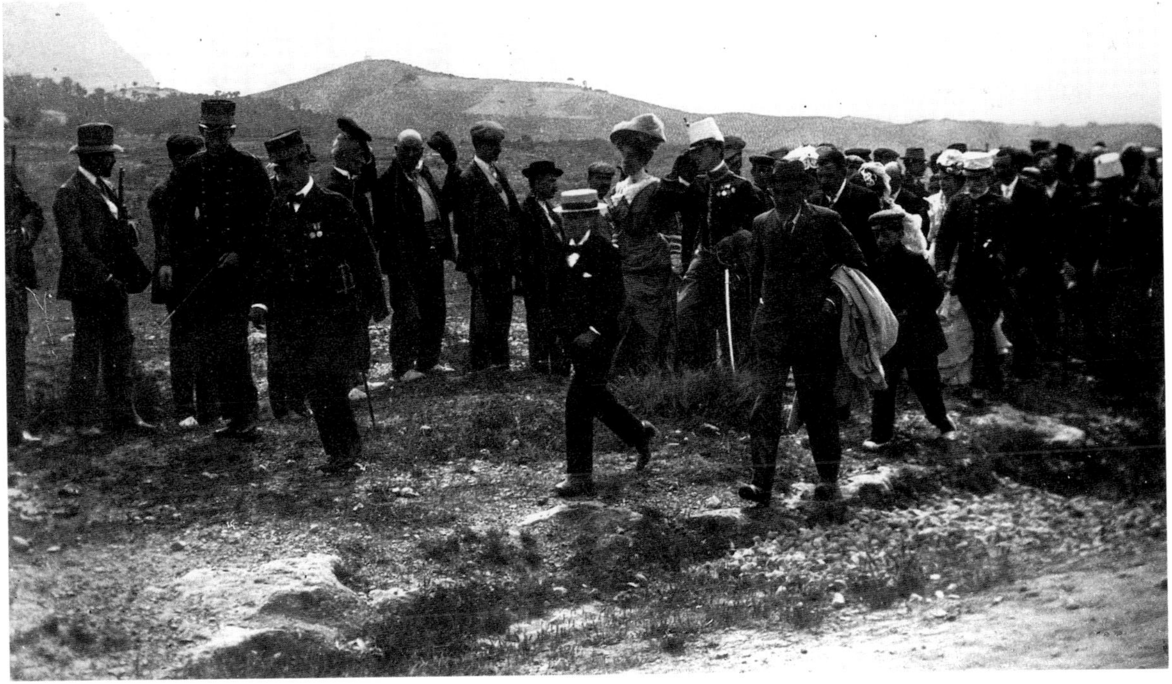

En els actes commemoratius del primer centenari de la batalla del Bruc, celebrats el 6 de juny del 1908, els infants Teresa i Fernado i el seu seguici passen revista als representants dels diferents Sometents que havien intervingut en la batalla.

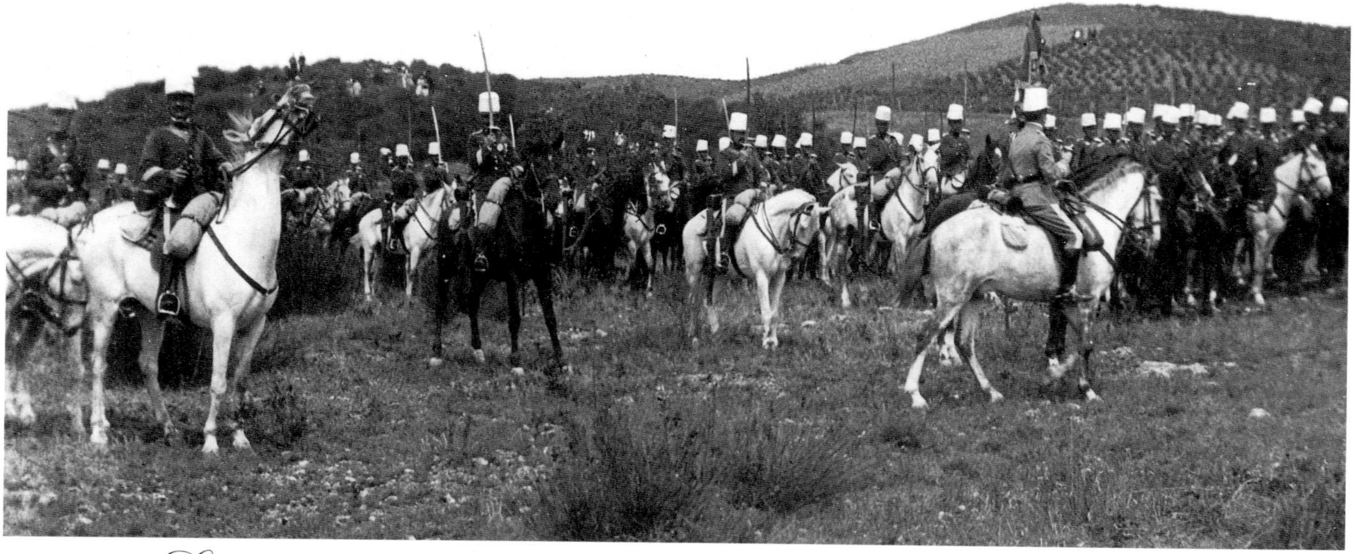

La presència de la cavalleria de l'exèrcit espanyol en l'acte commemoratiu de la batalla va realçar l'esdeveniment (1908).

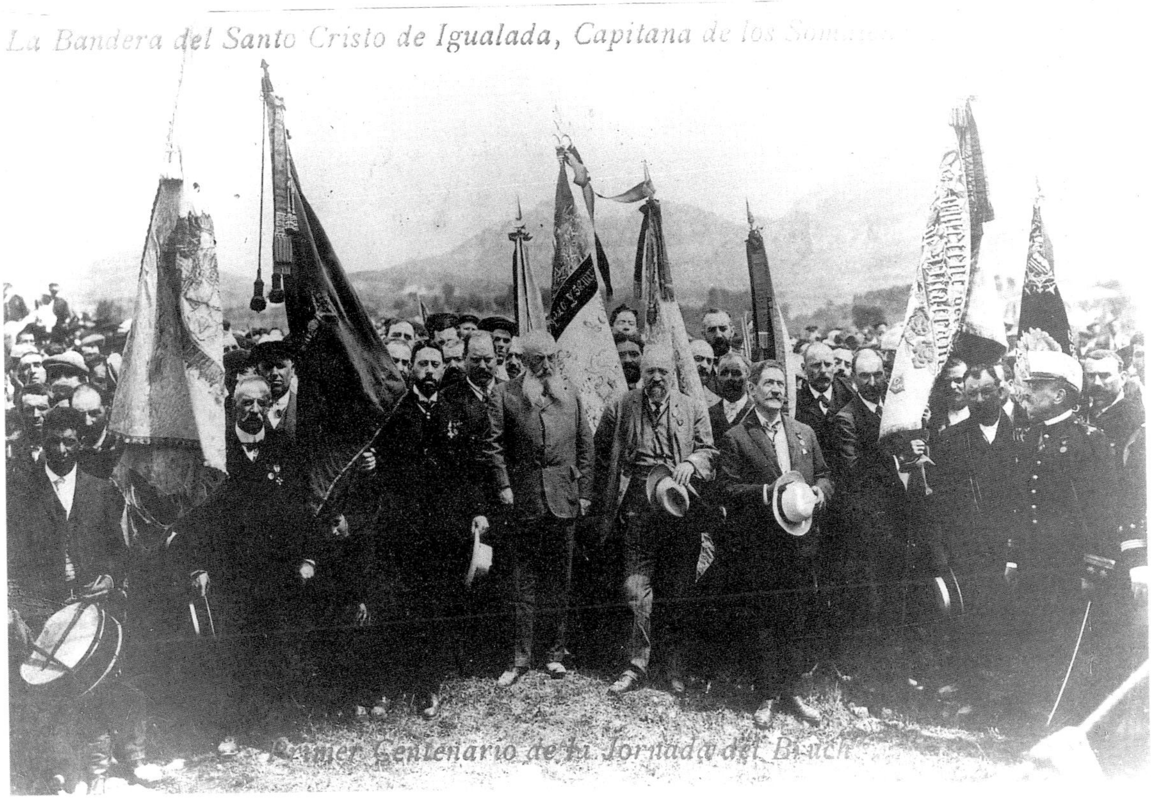

La jornada commemorativa aplegà multitud de famílies i institucions que un segle abans tingueren relació amb la batalla. La segona bandera de l'esquerra és la del Sant Crist d'Igualada. Una mica més a l'esquerra de la fotografia hi ha el caporal del Sometent Juan Godó Llucià i, a la seva dreta, sostenint la bandera, el sotscaporal Juan Vives Gibert.

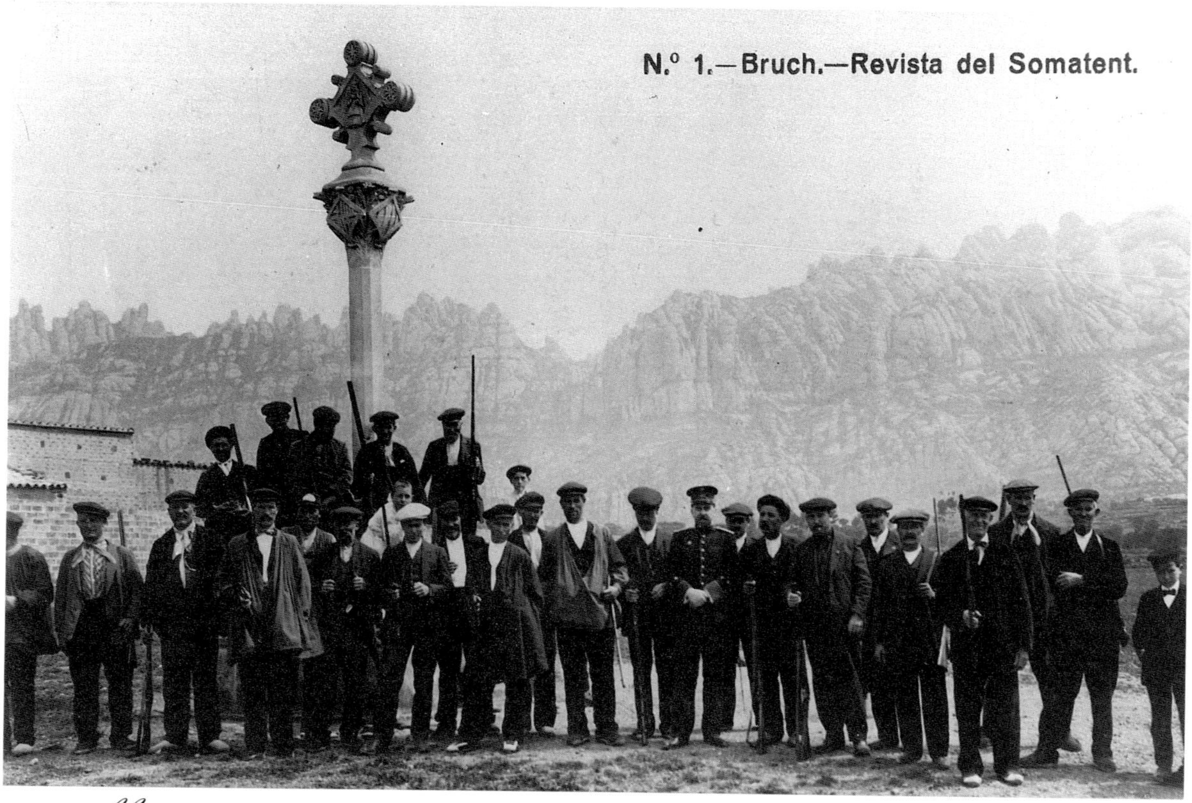

Membres dels sometents d'Igualada, Manresa, Santpedor, el Bruc i d'altres poblacions, al costat de la desapareguda creu commemorativa de la guerra de la Independència.

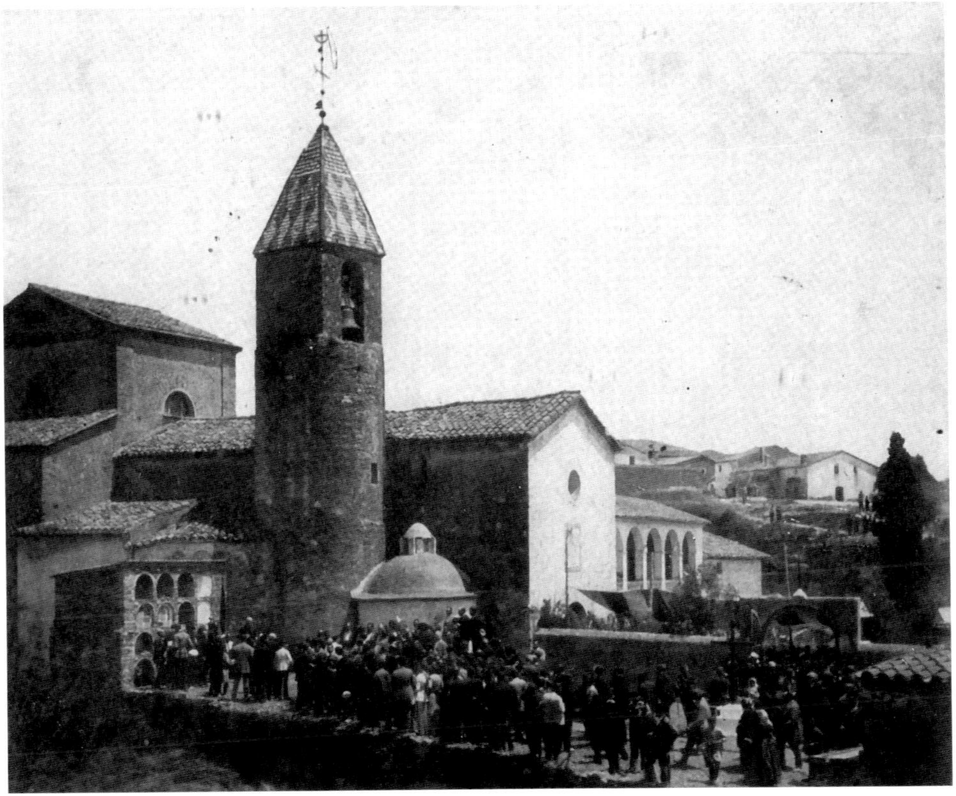

El petit cementiri parroquial de Santa Maria del Bruc va ser l'escenari d'un responsori per les ànimes dels veïns morts arran del pas dels soldats francesos pel Bruc.

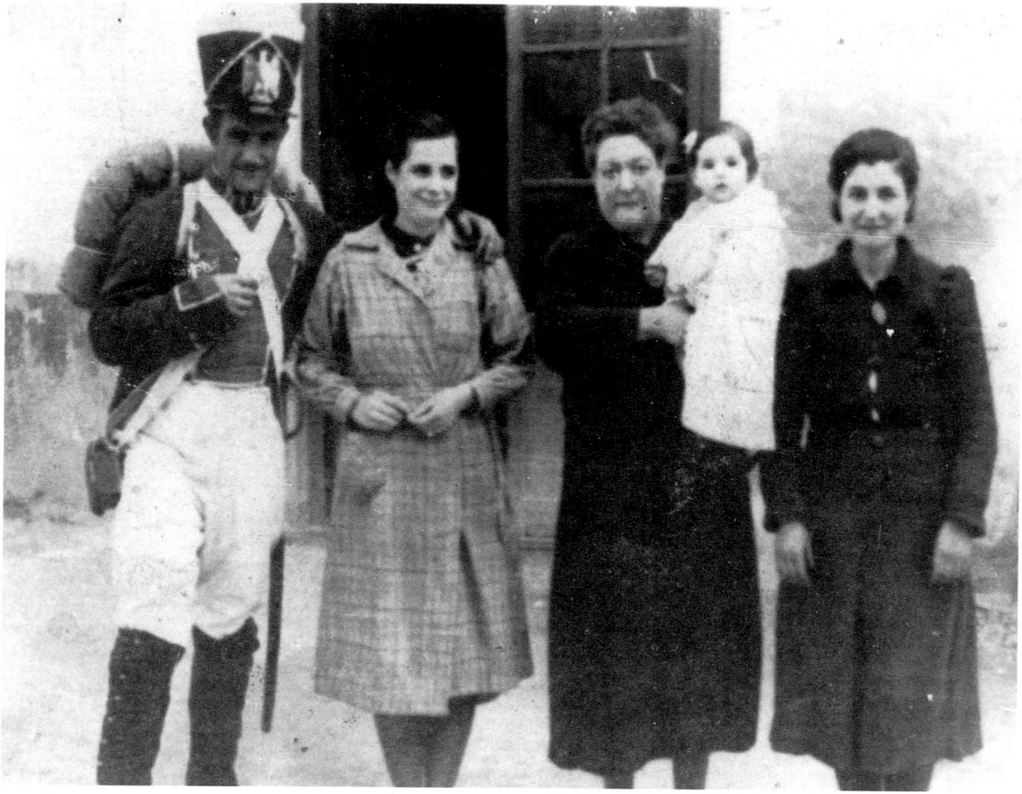

Les estribacions montserratines del Bruc han estat diverses vegades l'escenari natural idoni per al rodatge de pel·lícules relacionades amb la batalla del Bruc. Al principi dels anys quaranta, Josep Claramunt posa amb la seva família durant un descans del rodatge.

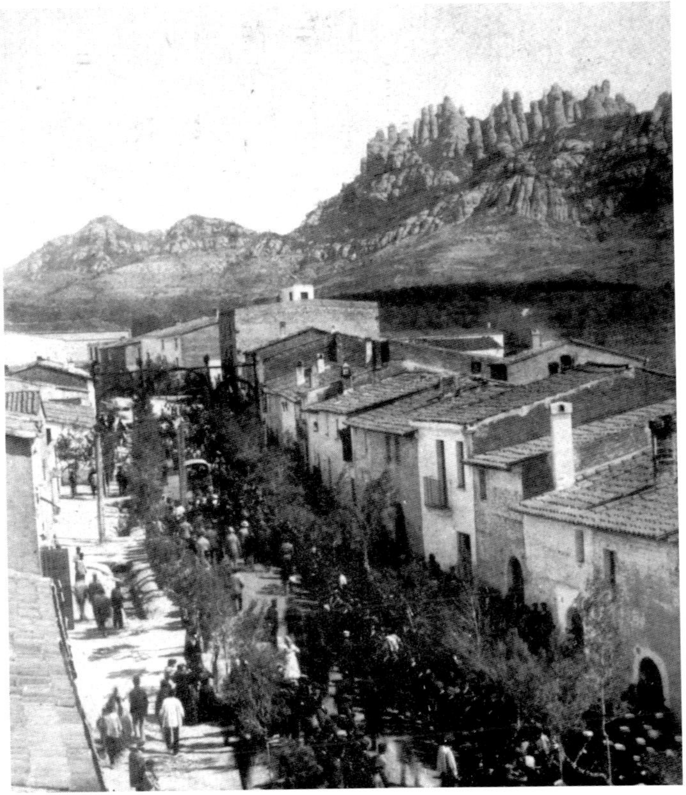

Grup de veïns i de gent arribada d'arreu de Catalunya es reuneixen als carrers de la vila per commemorar, el 6 de juny del 1908, el primer centenari de la batalla del Bruc. La fotografia mostra l'acolliment que es va retre al capità general. Al fons, les muntanyes de Montserrat.

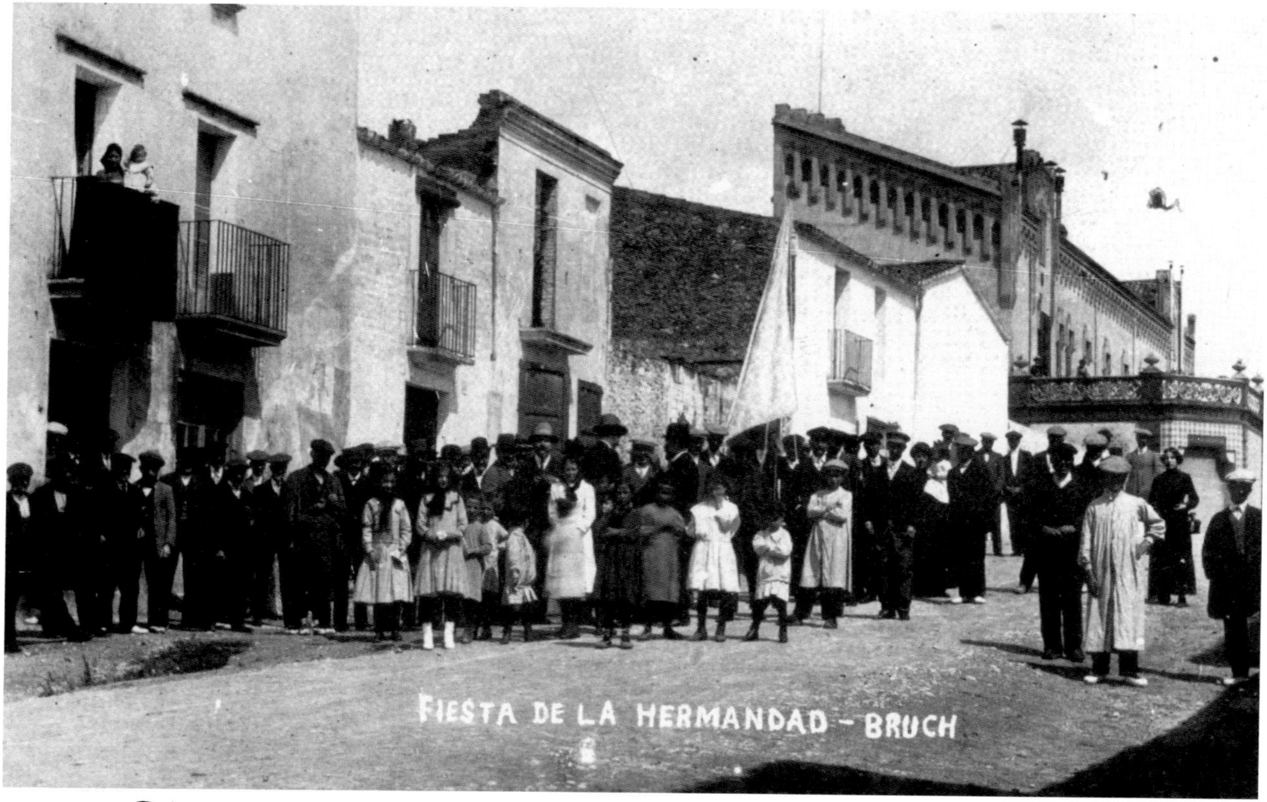

Fotografia de principi de segle en què es veuen els veïns del Bruc durant la festa dels pagesos amb la bandera de la confraria de Sant Isidre.

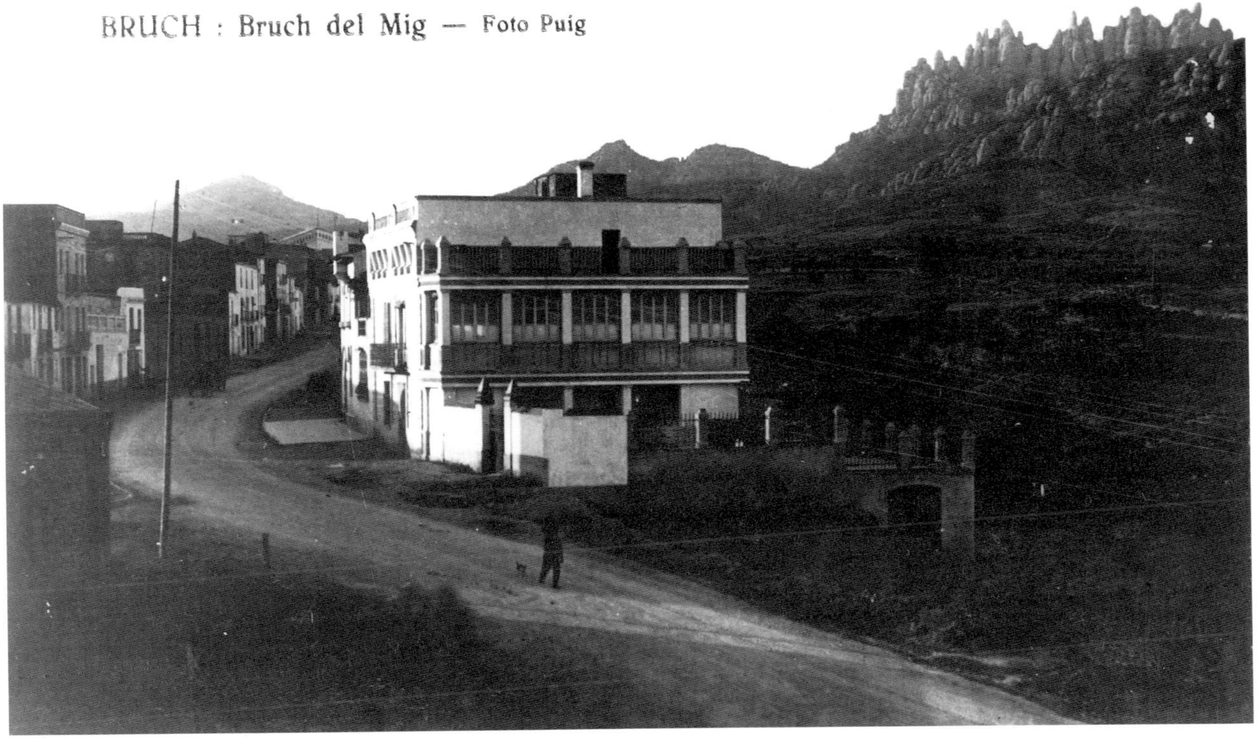

Casa anomenada «Panamà Canal» que deu el seu nom, segons la tradició oral, a l'estada d'un dels propietaris al canal de Panamà. Aquesta casa era i continua essent la primera del Bruc del Mig. Els seus grans finestrals permetien tenir una excel·lent vista dels voltants.

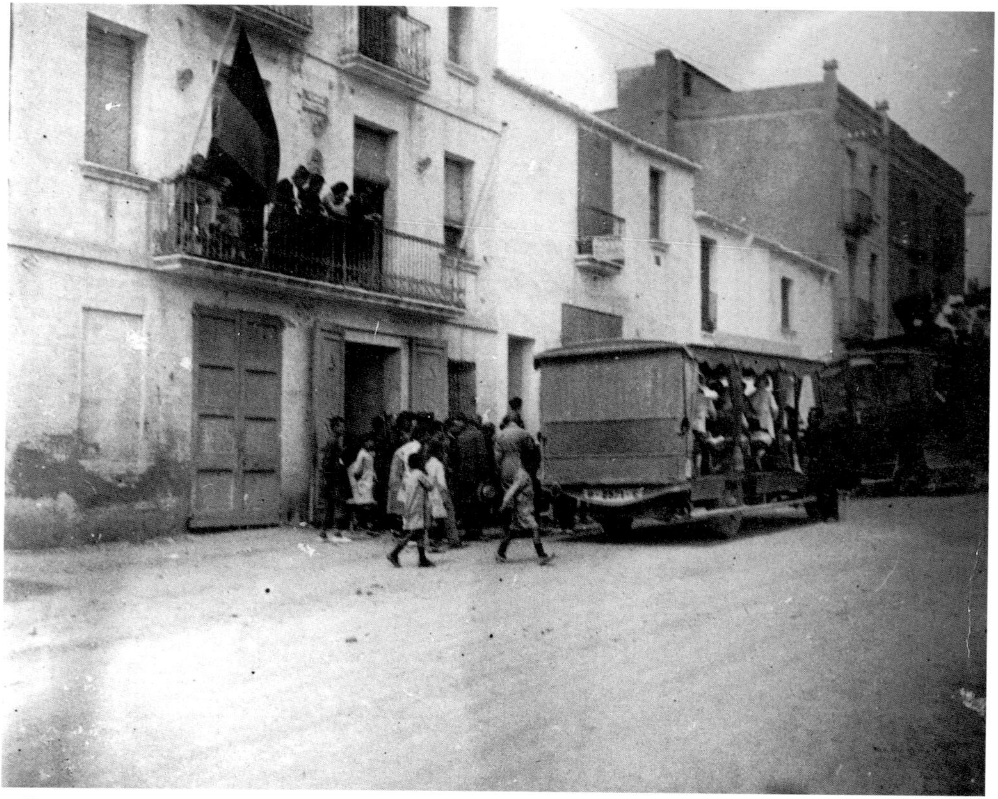

Aquest és l'aspecte que oferia l'Ajuntament del Bruc el 2 de setembre del 1924, a l'edifici del carrer Bruc del Mig, número 23, on va estar fins a l'any 1990.

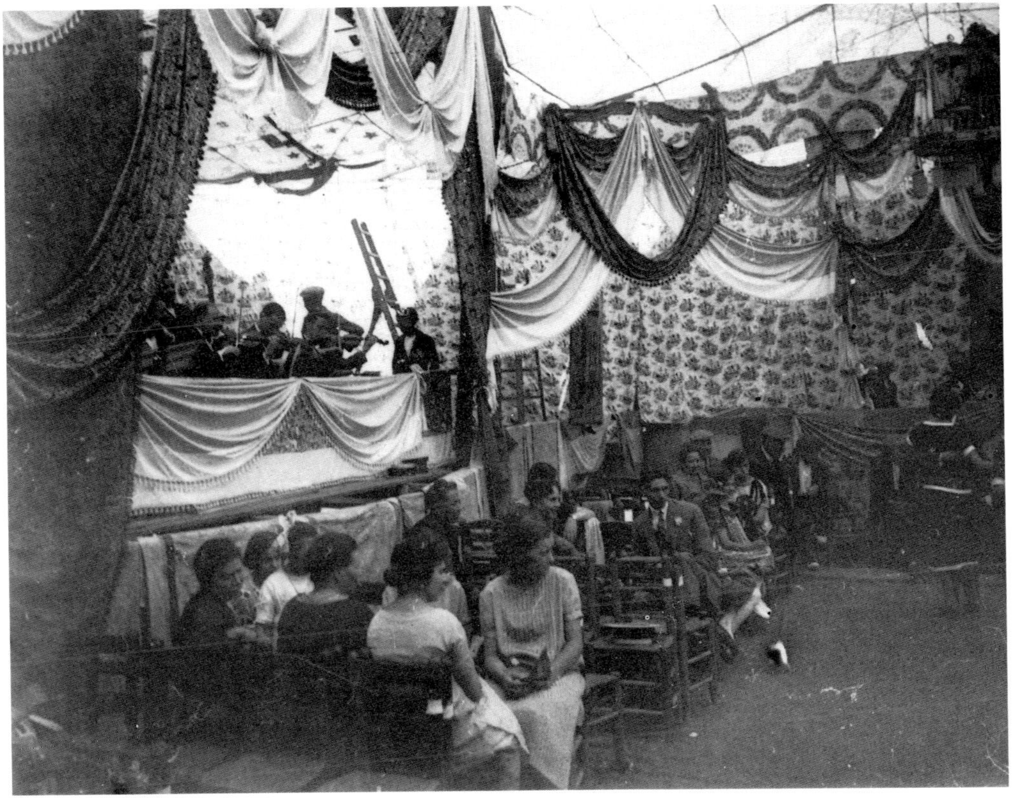

Per a la Festa Major de l'any 1924 s'aixecà aquest envelat en què se celebraren sessions de ball i altres actes festius. A l'esquerra, la llotja on hi havia els músics, mentre que les cadires oferien als ballarins la possibilitat de descansar.

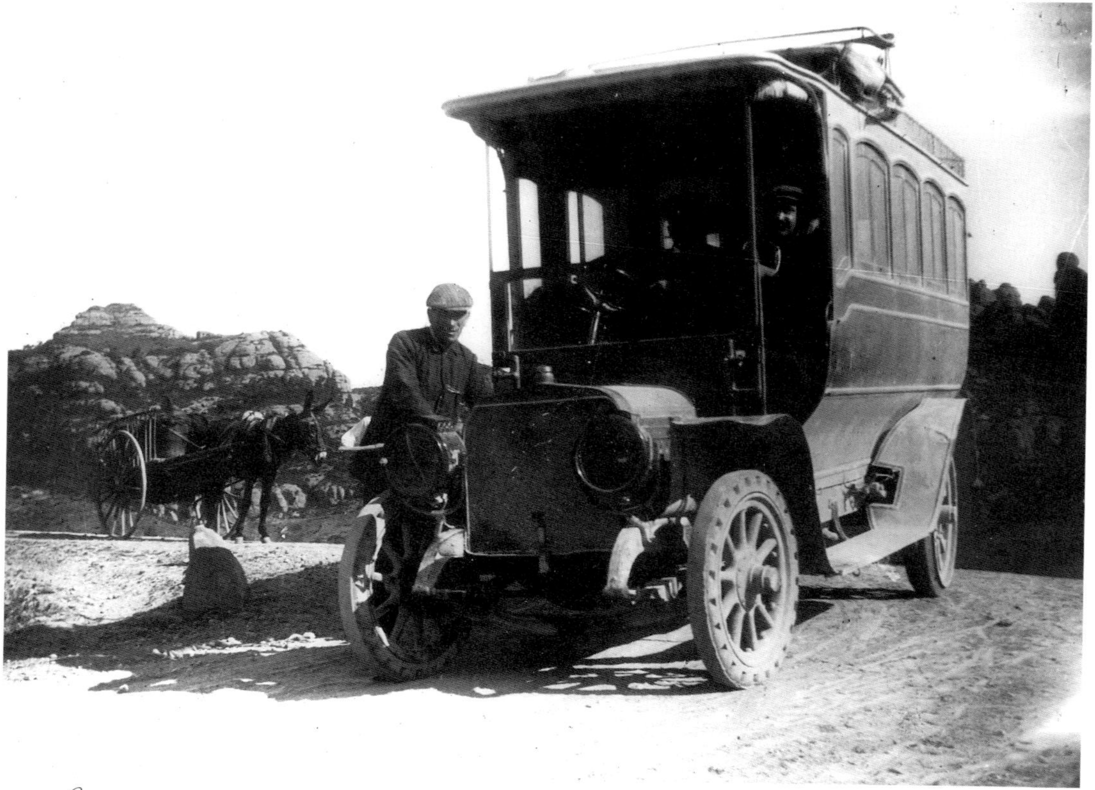

Al principi de segle, dos mitjans de transport ben diferents coincideixen en una mateixa època: el carro de tir animal (el passat i el present) i els primers automòbils de tracció mecànica (el futur immediat). La fotografia és feta davant de Can Maçana i, al fons, dalt dels turons, veiem Sant Pau Vell.

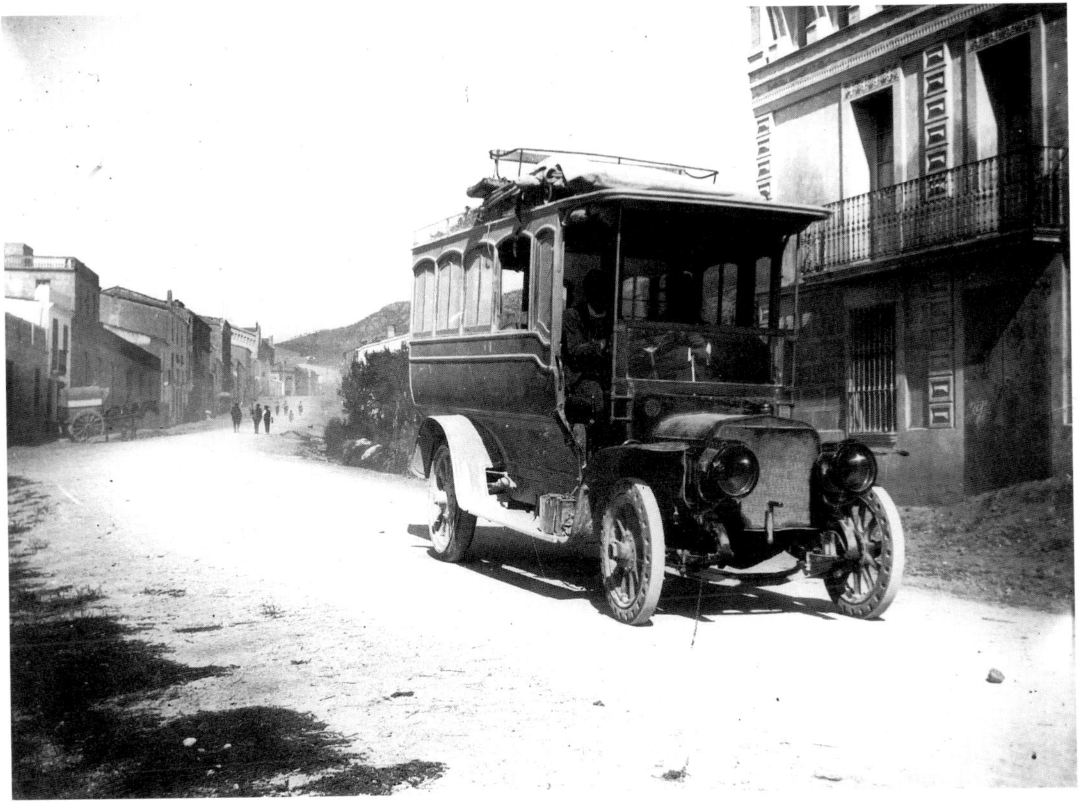

Els autobusos sempre han estat una imatge lligada al pas de la carretera pel Bruc. A la fotografia, un autobús va en direcció cap a Barcelona, pel carrer del Bruc del Mig.

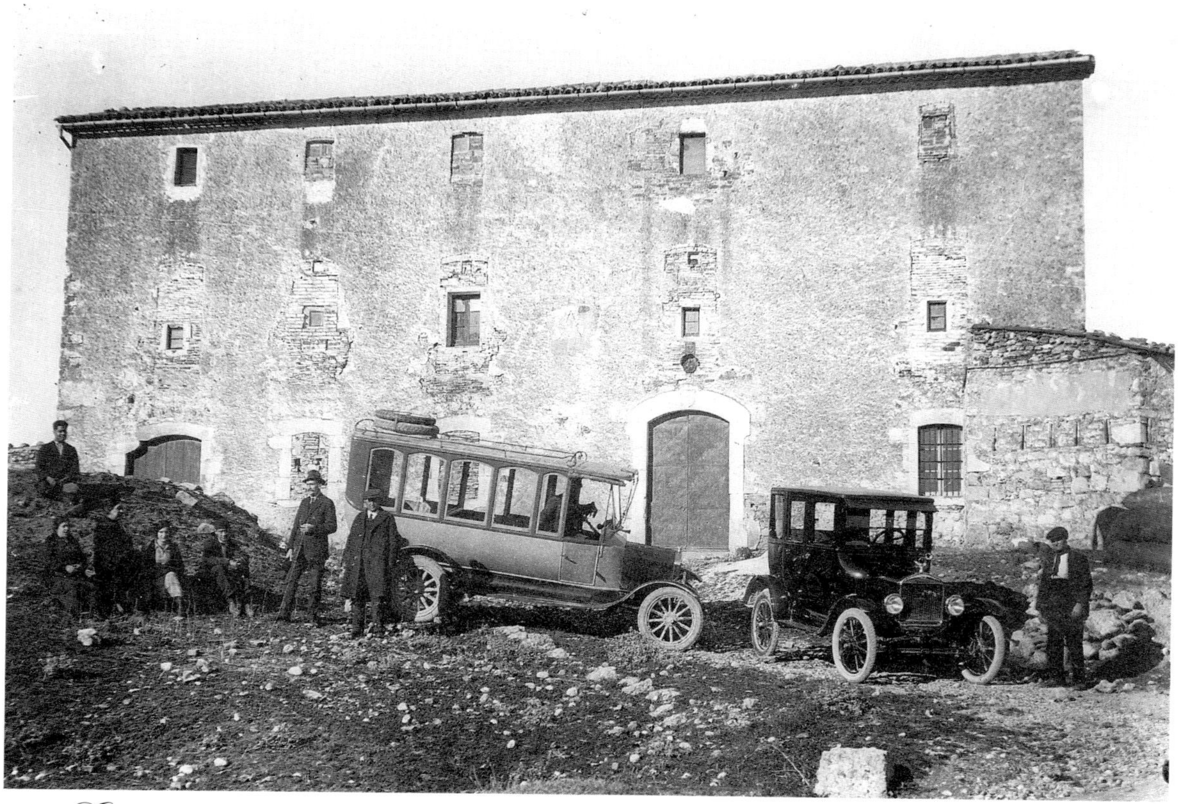

El pas de Can Maçana en la carretera de Manresa ha estat tradicionalment un punt de descans per als excursionistes que es dirigeixen cap a Montserrat. A la fotografia es veu un autobús i un cotxe d'època aturats davant de la masia.

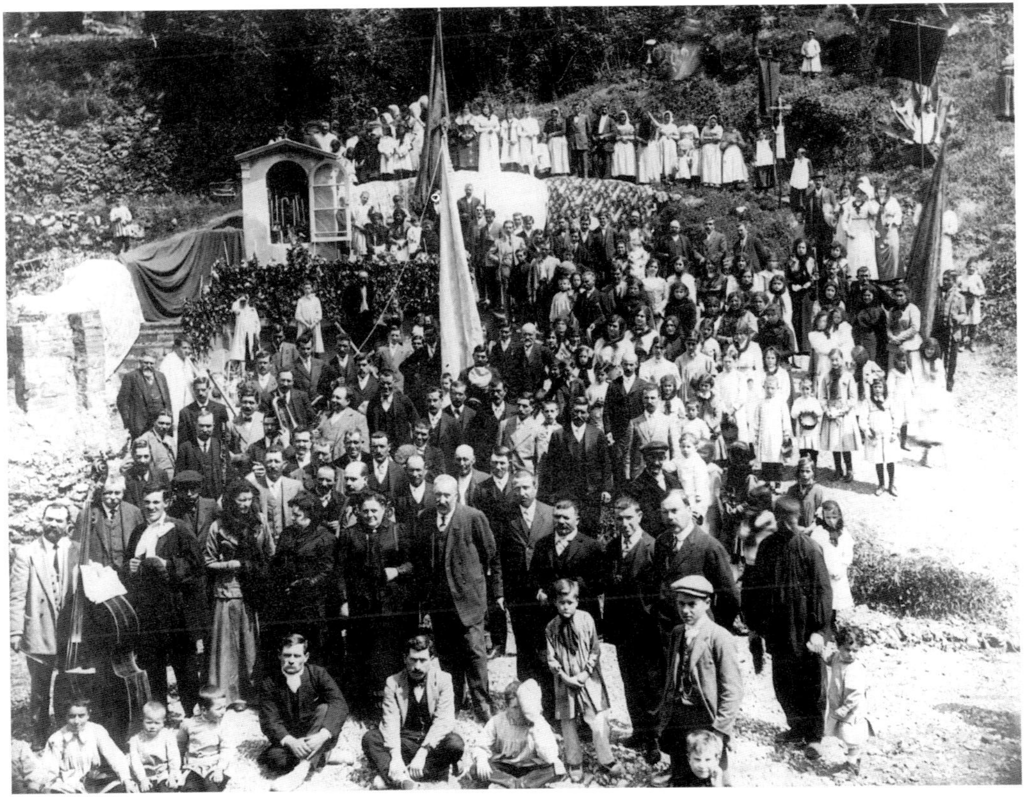

El 15 de maig del 1921, com cada any, se celebrà el dia de Sant Isidre, patró dels pagesos. Durant dècades, al Bruc ha estat una tradició arrelada el fet de baixar fins a la font de la Mare de Déu del Roser a cantar el rosari i els goigs acompanyats d'orquestra.

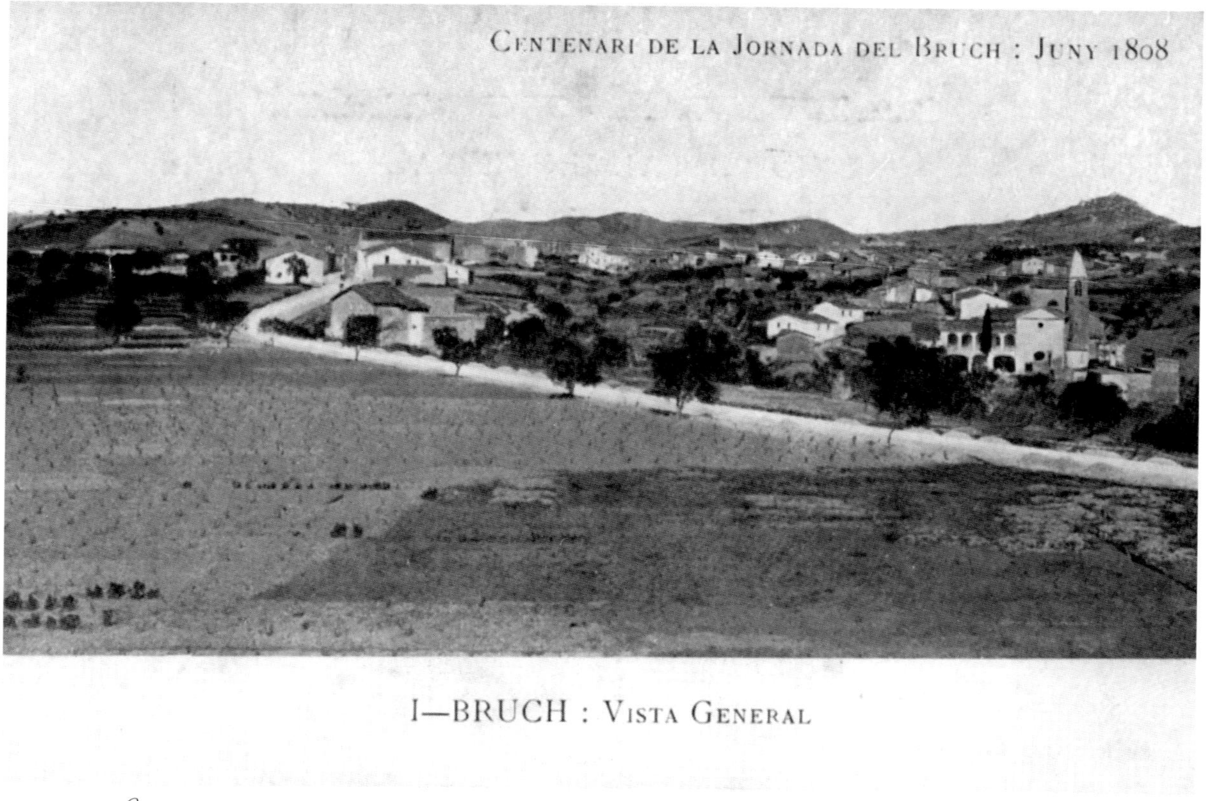

Aspecte que oferia el Bruc al principi de segle. A l'esquerra, el Bruc de Baix i, a la dreta, el nucli parroquial.

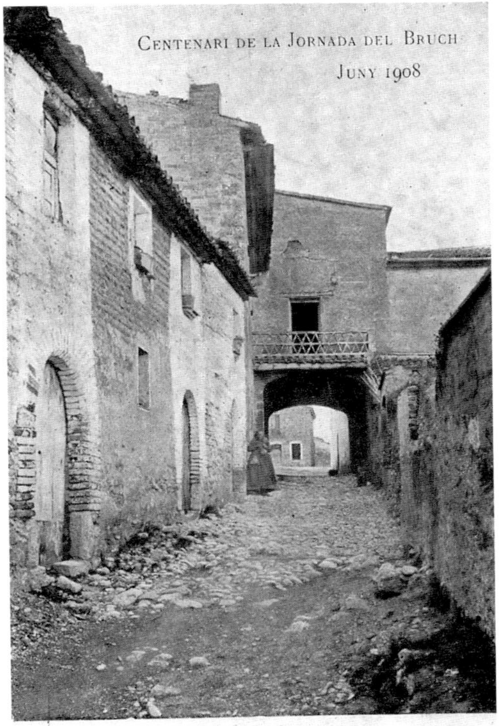

VII-Carrer y antigua casa senyorial del Bruch
del altre banda

Vista del carrer de la Parròquia, el més antic del Bruc. Un dels elements característics del carrer és la «casa de les Voltes» (Can Domènech), la casa del senyor feudal. Els soldats francesos, quan es dirigien cap a can Maçana, van passar per aquest carrer i diversos veïns van morir.

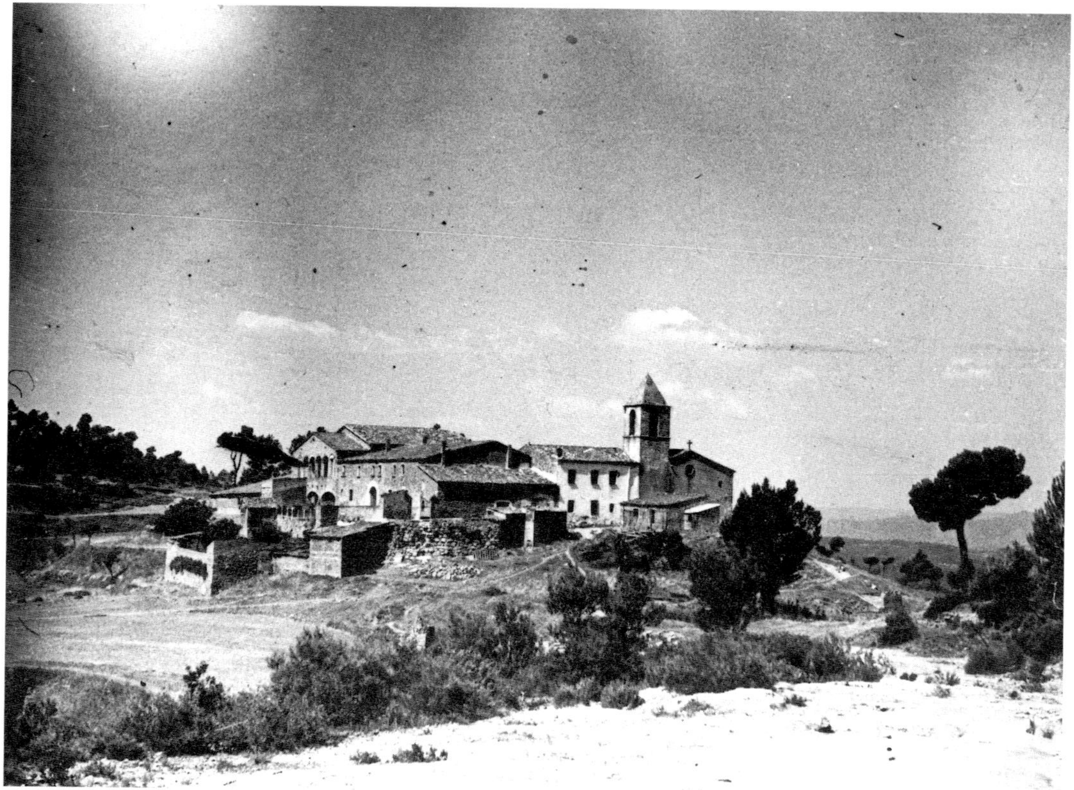

Nucli de població de Sant Pau de la Guàrdia, del qual destaquen l'edifici principal de Ca n'Elies i l'església. El seu aspecte ha canviat molt poc en els darrers seixanta anys.

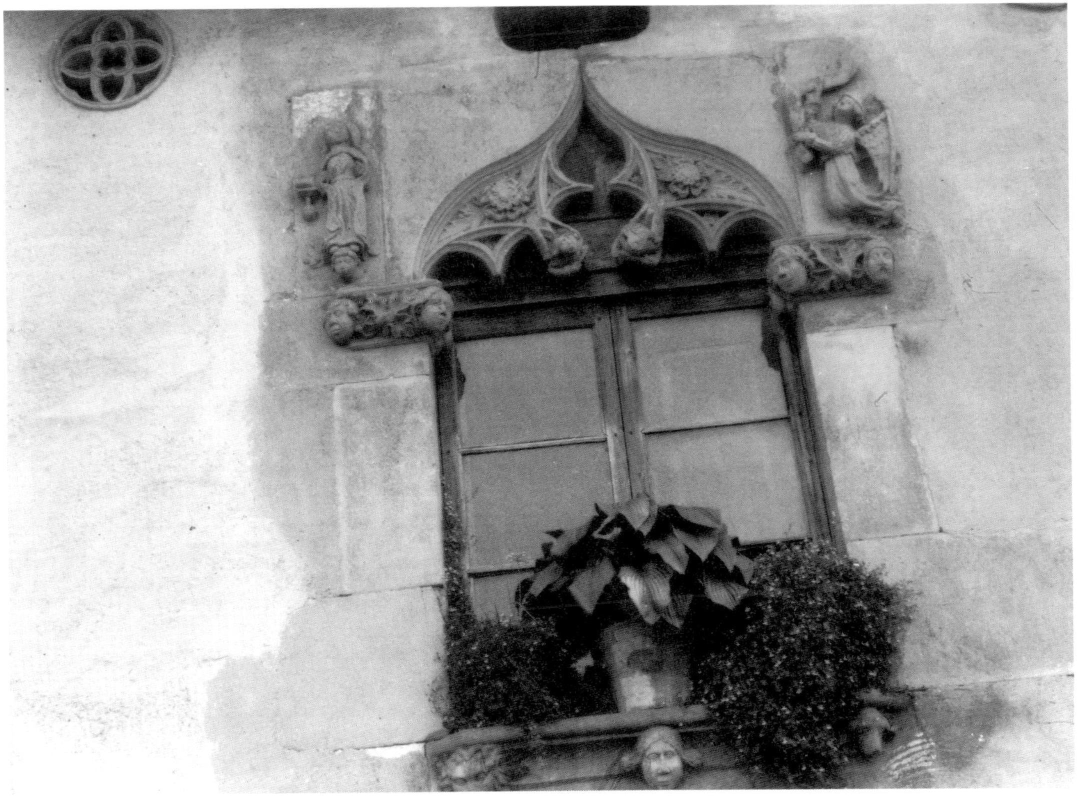

Finestra d'estil gòtic tardà que presideix la façana principal de Can Farrés, decorada amb traceries de pedra naturalistes i petits caps, un àngel i una verge. En l'actualitat el seu aspecte és igual que el de la fotografia realitzada el 1932.

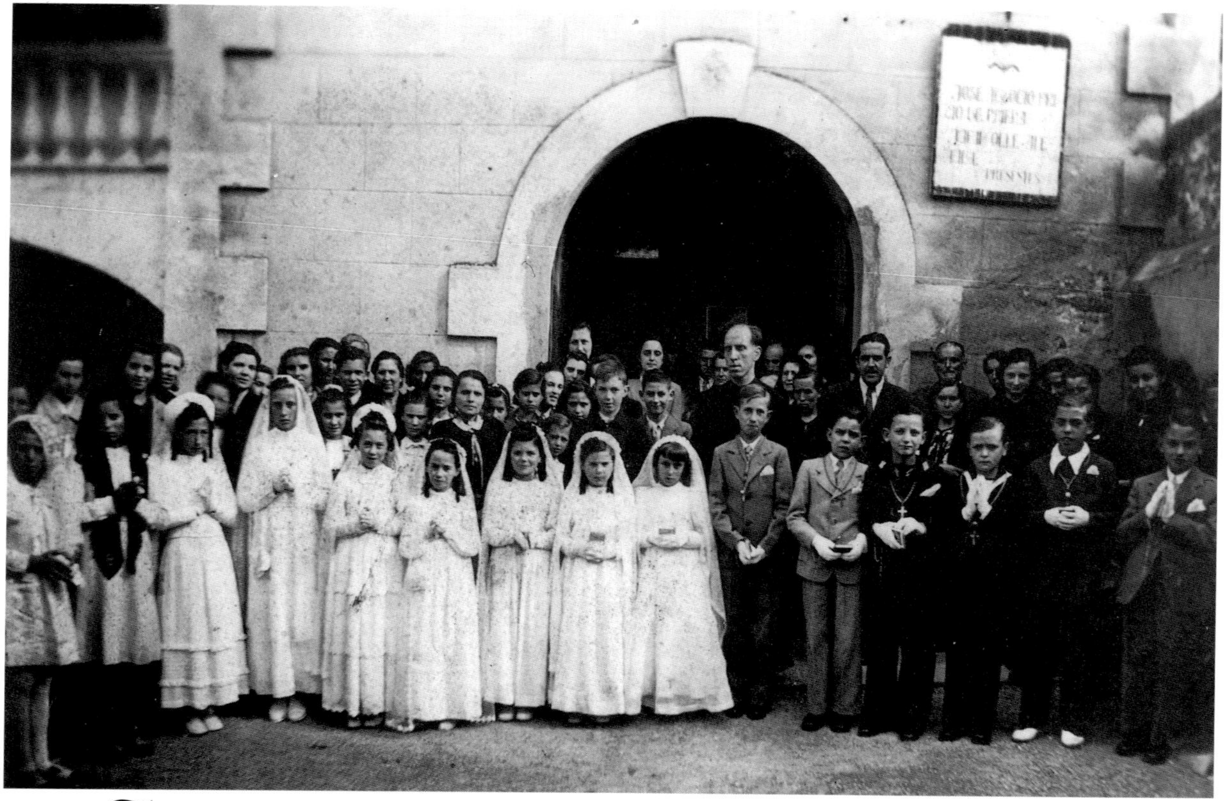

Fotografia característica del dia de la primera comunió, en aquest cas de l'any 1942, a la sortida de l'acte, davant de la porta de l'església.

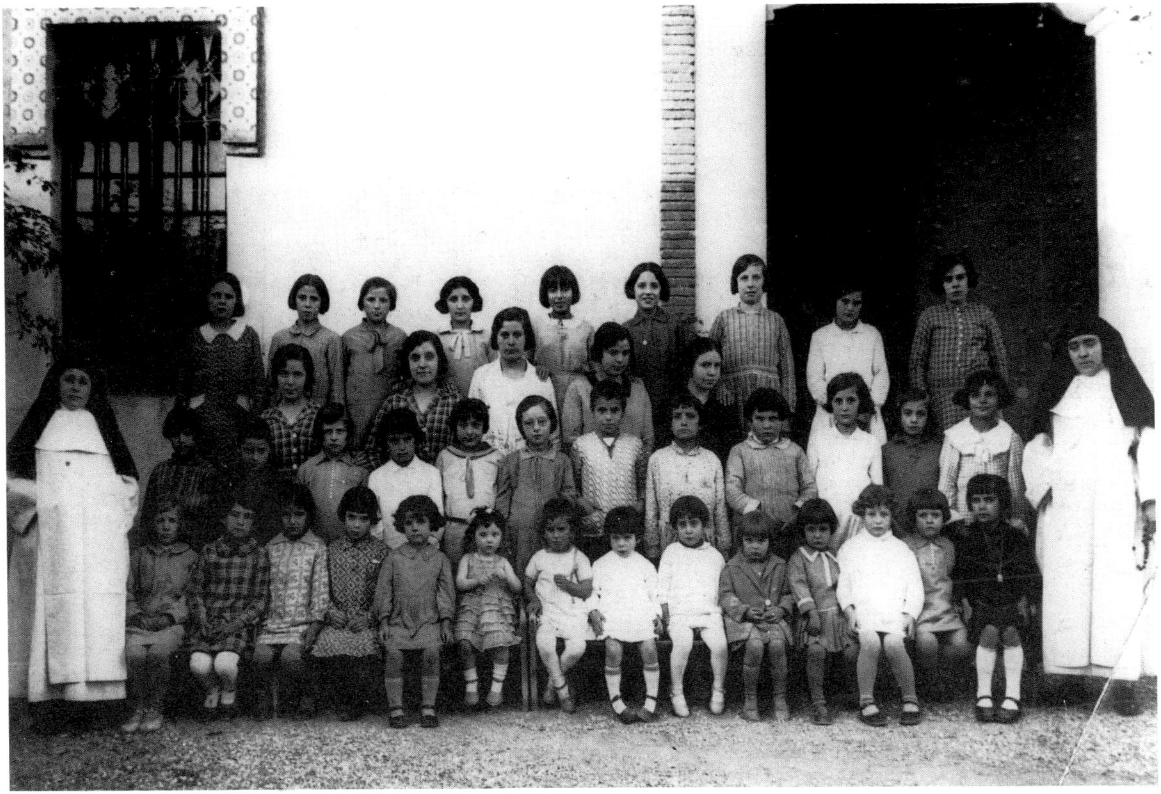

Grup d'alumnes del curs 1930-1931 de les monges dominiques. Molt sovint, per la relació d'aquesta casa amb les monges i l'escola el pati de can Casas fou el marc d'aquestes fotografies escolars.

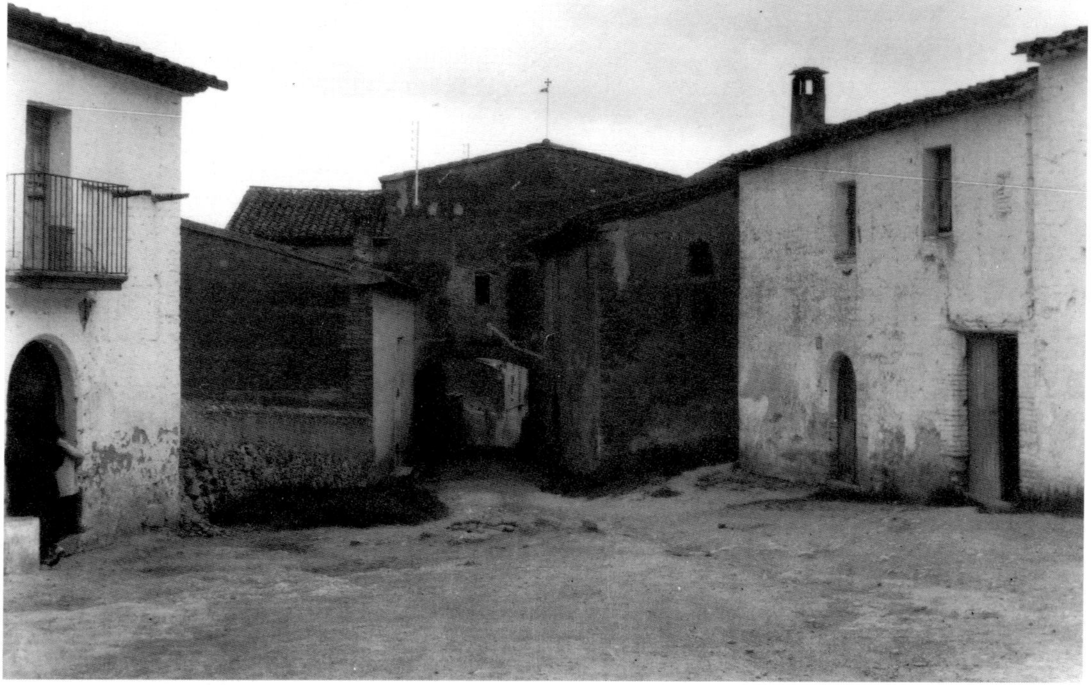

Aquesta és una imatge de «la Plaça» i, al fons, el carrer de la parròquia amb l'anomenada «casa de les Voltes».

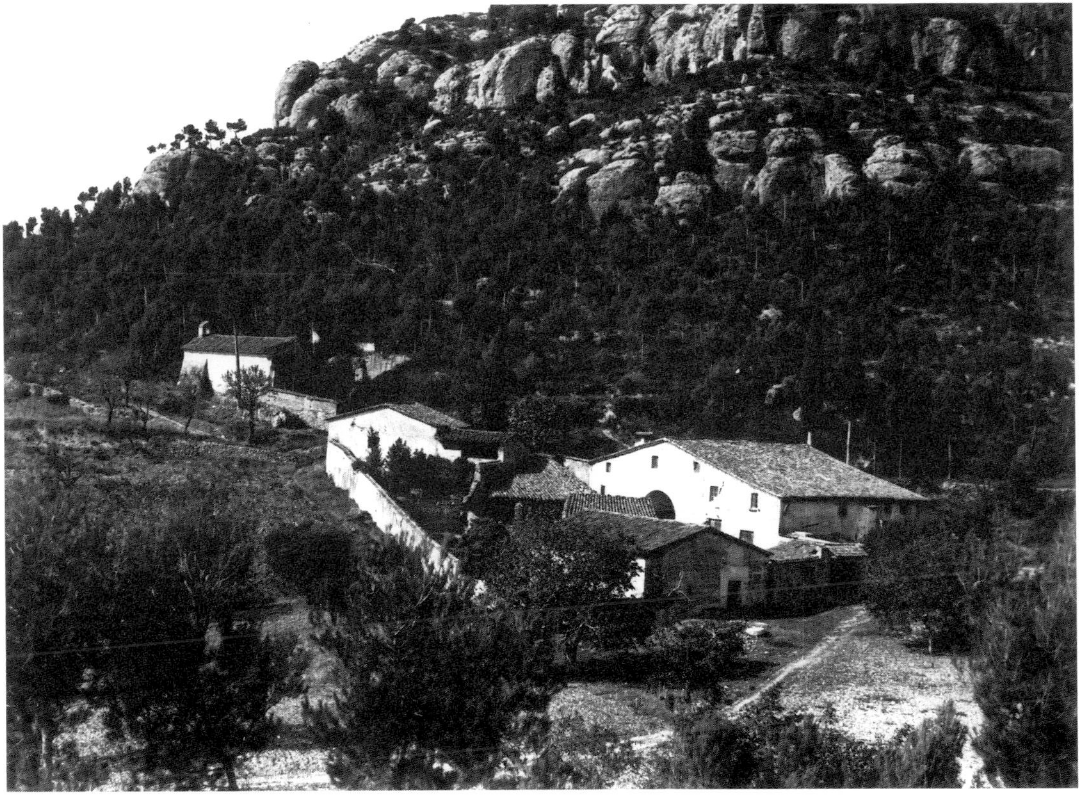

Casa i ermita de Can Jorba als peus de Montserrrat, on durant nou anys es va amagar la imatge de la Mare de Déu de Montserrat per tal de protegir-la de la seva possible destrucció arran de la guerra carlina del 1835. La fotografia data del 1934.

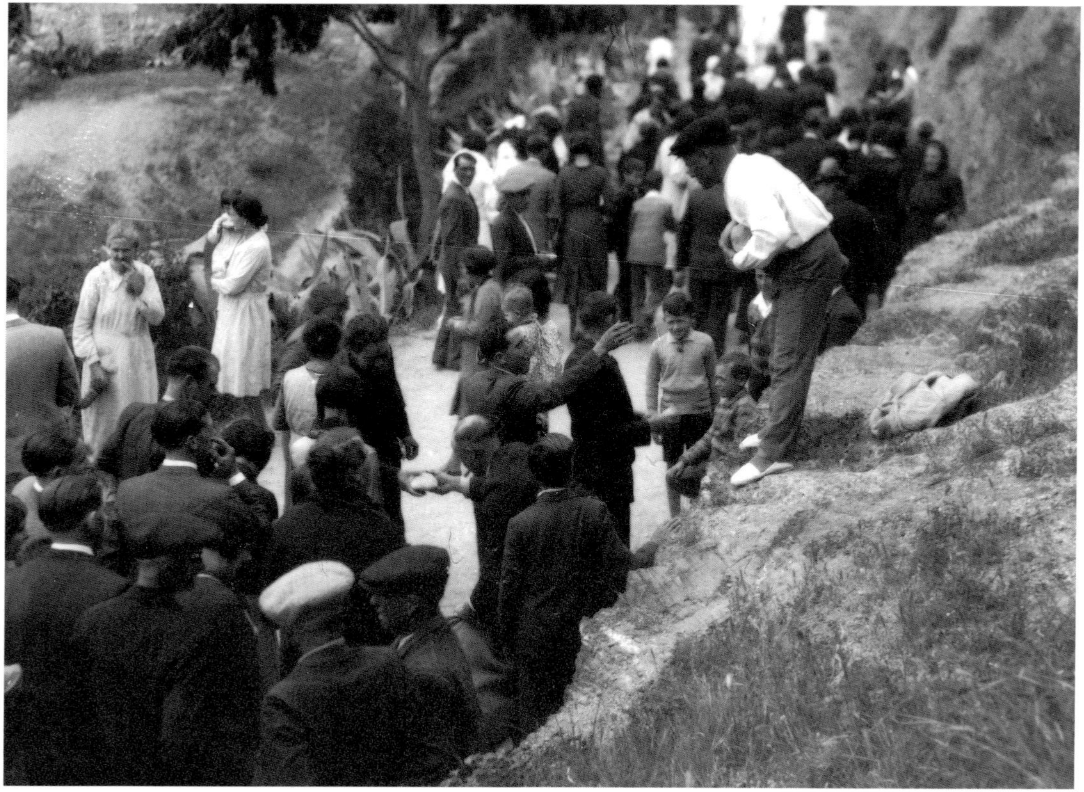

Imatge del repartiment del «panet» de pa beneït a tots els feligresos, el 1934, en la diada del patró de la vila. Festa del 8 de maig, dia de l'aparició de l'arcàngel sant Miquel, venerat per vot del poble perquè va guarir els habitants d'una pesta.

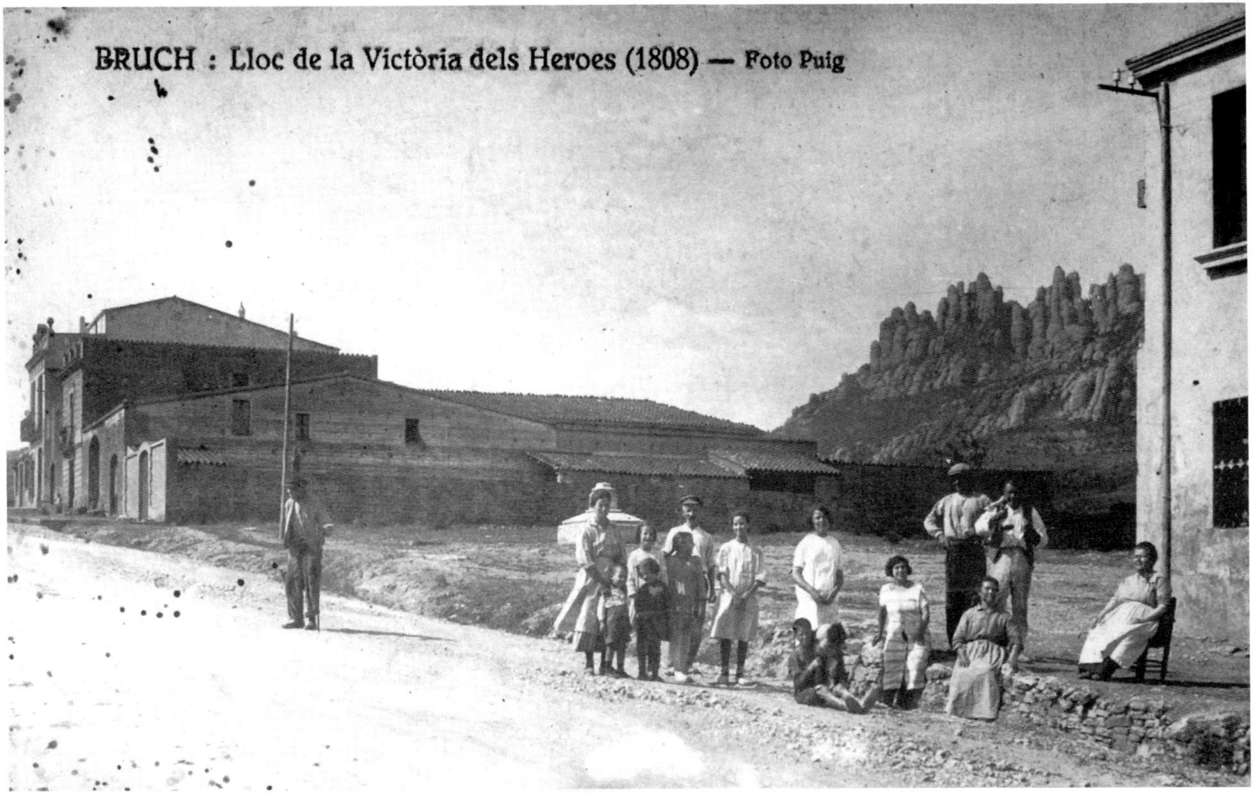

Veïns del Bruc davant de l'esplanada on hi hauria la creu commemorativa de les batalles contra els francesos del 1808, i de la qual només es pot veure la base.

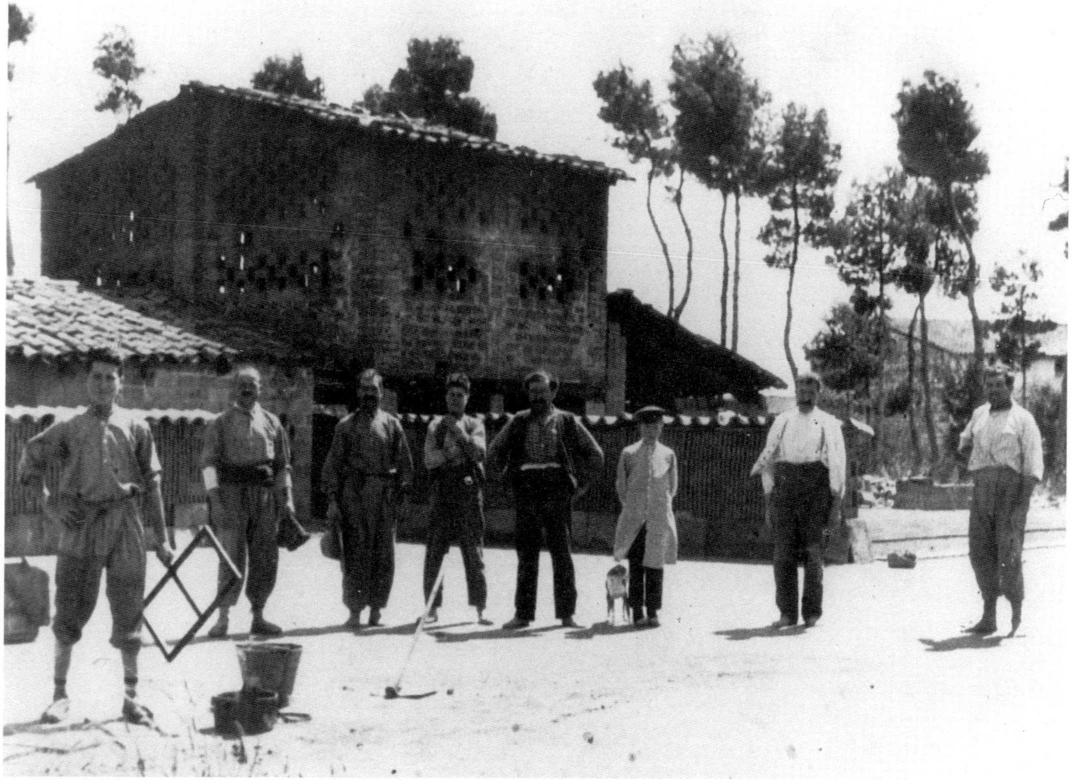

La indústria rajolera és, sens dubte, una de les més arrelades al Bruc. Aquesta fotografia del 1923 ens presenta diversos membres de la família Vallès amb la indumentària i els estris característics d'aquest ofici a la seva bòbila. A la fotografia es poden distingir, d'esquerra a dreta, Josep Vallès Morist, en Serenet, Miquel Quet, Elías Xullo, l'oncle Ventura, Ramon Vallès Morist, Josep Vallès (pare) i Llorenç Peralta.

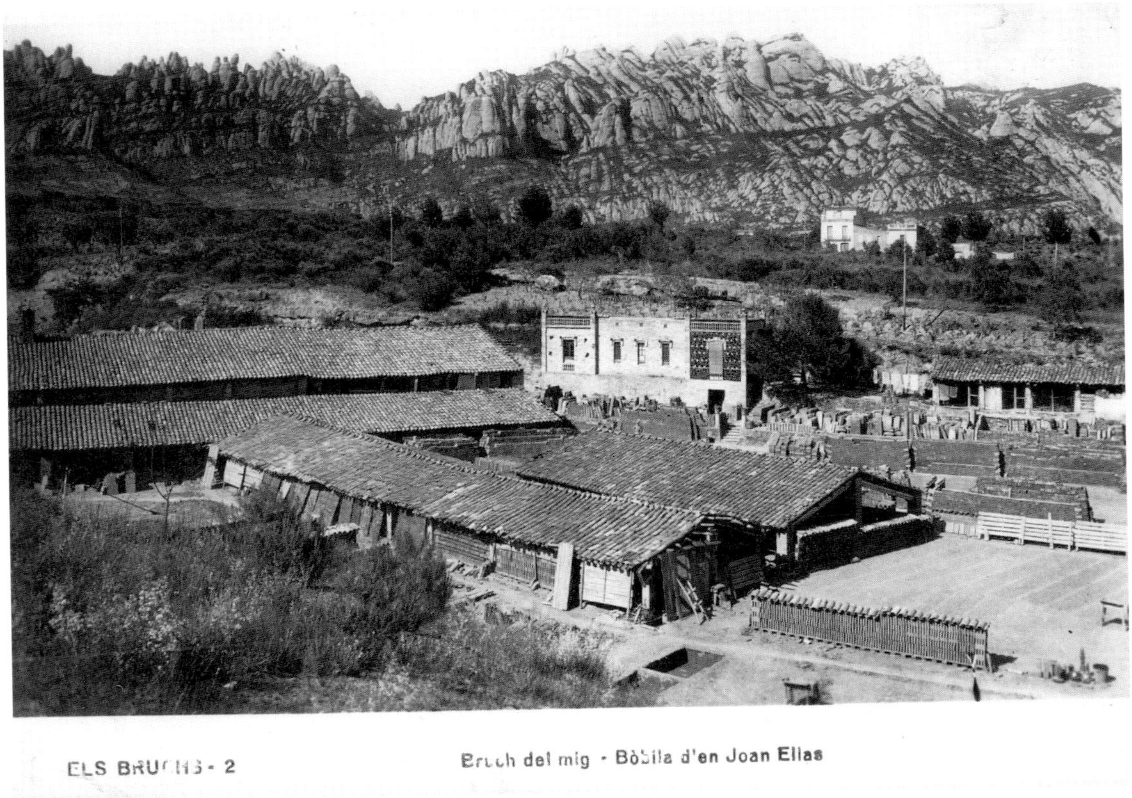

La bòbila de Joan Elías va ser durant molts anys la indústria més important de la vila. En segon terme, els edificis del pla del Pinal.

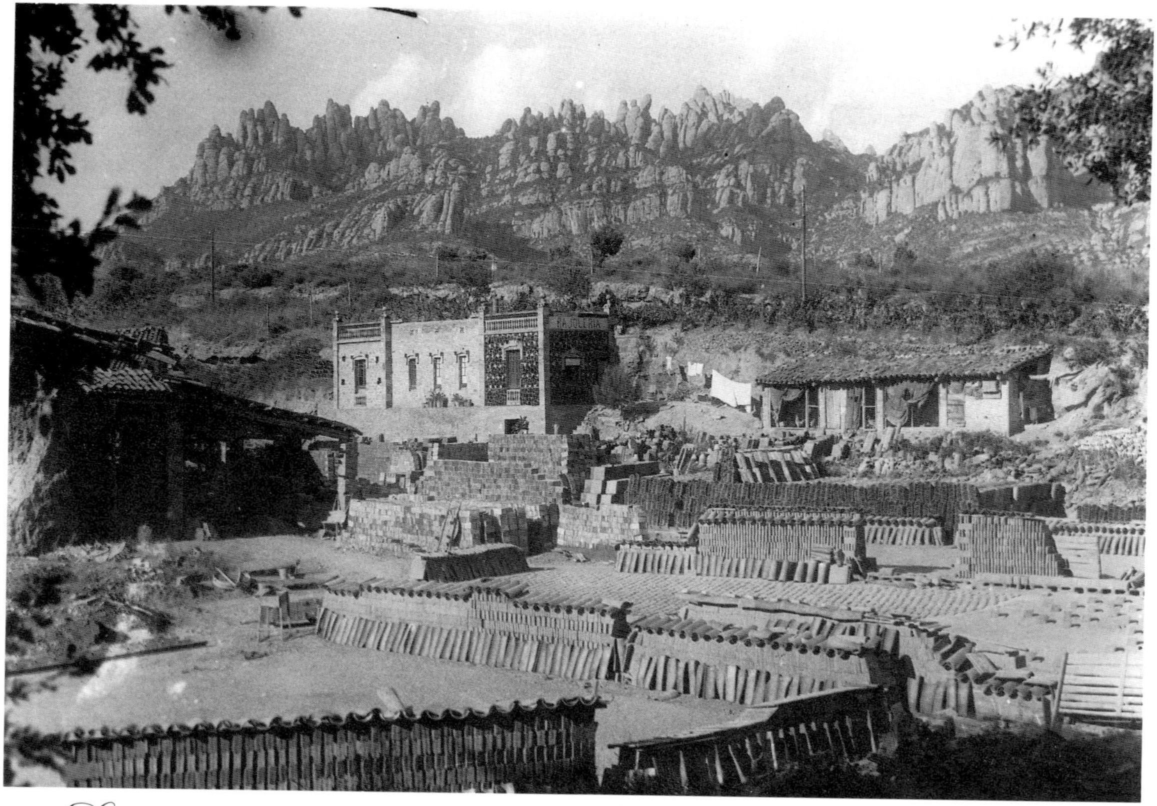

Les teules fetes a mà, les toves i els elements decoratius per als edificis fets amb argila del Bruc han estat sempre molt preats, tant arreu del país com fora. La bòbila Elías amb Montserrat al fons és una imatge ben curiosa.

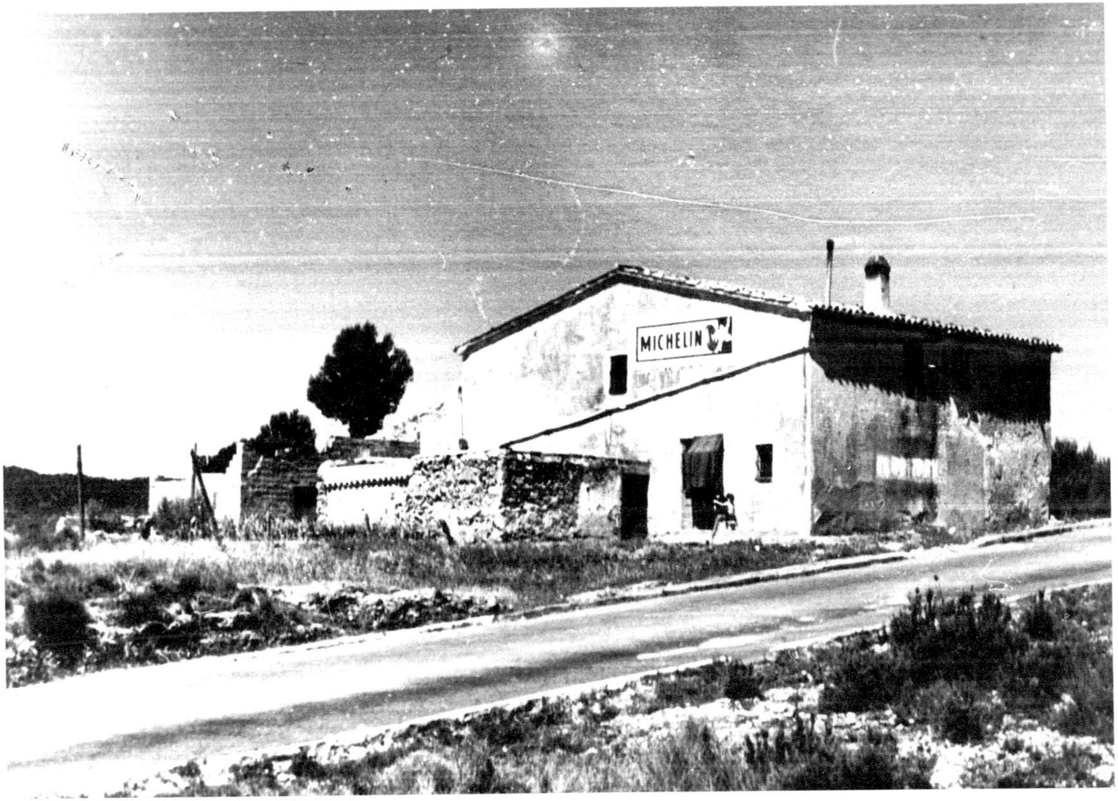

«La Venta», una de les masies més properes al nucli del Bruc de Dalt, va desaparèixer arran d'una de les ampliacions de la carretera general. En aquest indret, a hores d'ara, el paratge tradicional ha estat molt desfigurat.

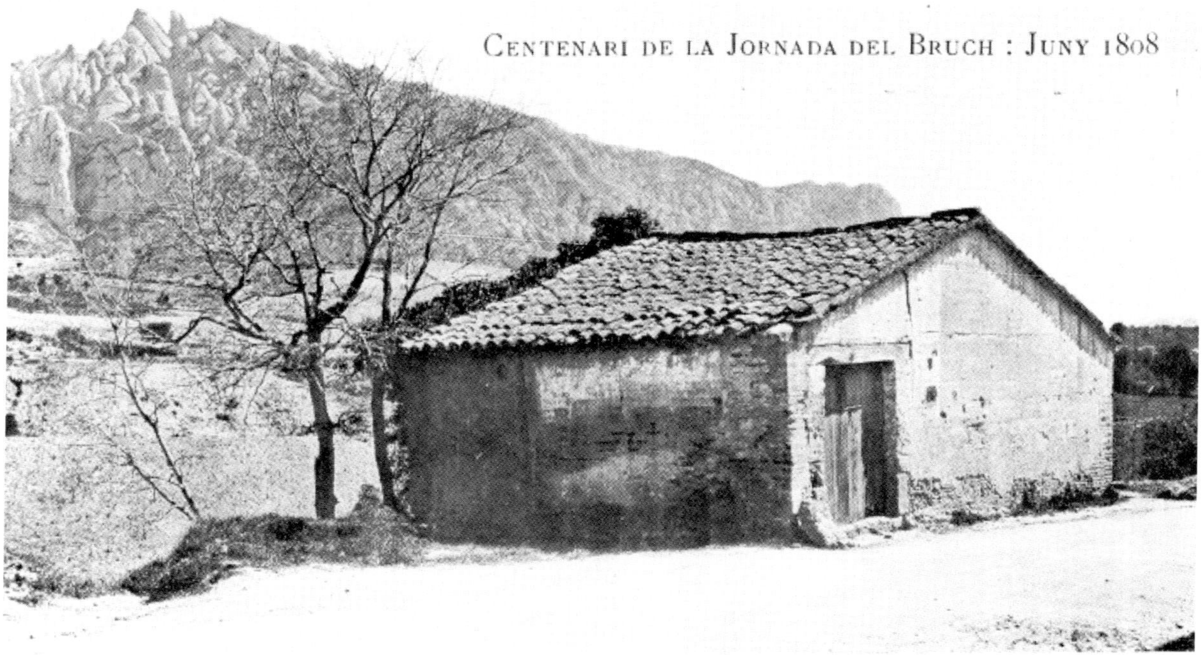

II—BRUCH : POU DEL GLAÇ, ahont se sentiren les primeres escopetades

Moltes poblacions de Catalunya posseïen el seu «Pou de glaç», una petita construcció on durant mesos s'emmagatzemaven la neu i el gel de l'hivern per tal de refrescar les begudes i els aliments durant l'estiu. En el cas del Bruc, el «Pou de glaç» fins a mitjan segle estigué situat als afores del Bruc de Baix.

Aquest llibre sobre

El Bruc

de la col·lecció Imatges i Records

fou acabat de relligar

als tallers de Balmes a Barcelona

el mes de maig de 1996.

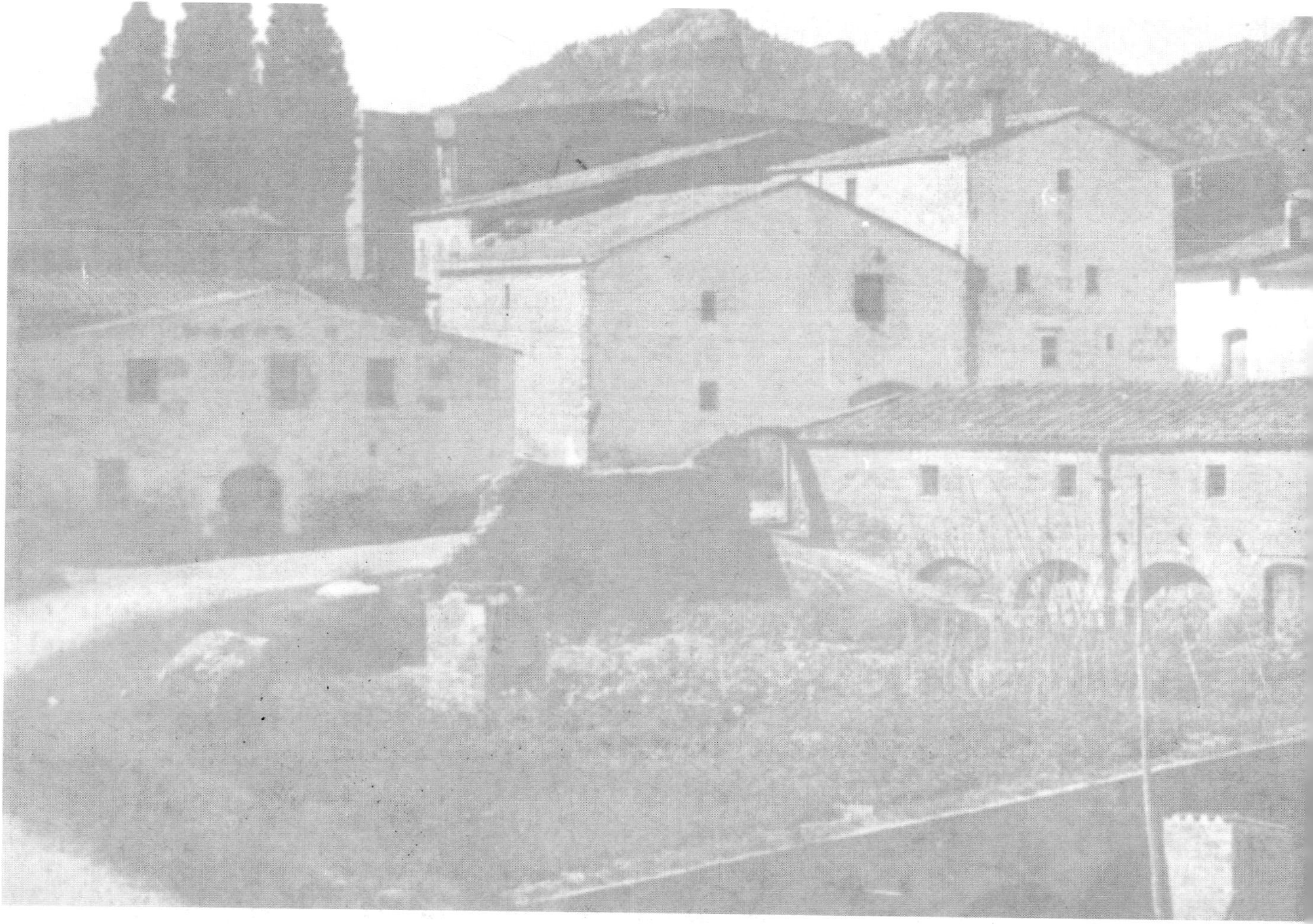